W0386785

Vier Tage im November

Vier Tage im November

Mit Beiträgen
von Walter Momper
und
Helfried Schreiter

Graphische Gestaltung: Dietmar Schulze
Bildtexte: Peter-Hannes Lehmann, Dr. Manfred Leier,
Winfried Maaß, Helfried Schreiter
Chronik: Matthias Weber

Herausgeber: Klaus Liedtke
Programmleitung: Dr. Manfred Leier
Lektorat: Gisela Merz-Busch
Bildredaktion: Uwe Schaffrath
Verlagsleitung: Peter Schlickenrieder
Produktion: Bernd Bartmann, Druckzentrale G + J
Satzherstellung: Druckerei Neef, Wittingen
Druck: Mohndruck, Gütersloh
© STERN-Buch im Verlag Gruner + Jahr AG & Co.,
Hamburg, November 1989
5. Auflage 1990
ISBN 3-570-00876-2

Buch-Nr. 069336

Inhalt

„Diese Nacht war nicht zum Schlafen da“

Von Walter Momper

Über die Mauer hinweg lächeln sich ein Junge und ein Mädchen freundlich an: Die nächste Generation wird die Trennung überwinden, lautet unausgesprochen die Wunschvorstellung, die hinter diesem Bild steht. Ein Wahlplakat der Berliner SPD im Dezember 1988. Überschrift: „Berlin ist Freiheit“. Manche schüttelten den Kopf über so viel Phantasie. Das Plakat war heftig umstritten. Aber was vor weniger als einem Jahr noch niemand für möglich hielt, ist heute Realität.

Das geht nicht gleich in unsere Köpfe. Unfaßbar, daß von heute auf morgen gerade die Mauer als trennende Grenze nicht mehr existieren soll, etwas, das so einschneidend unser Leben in Berlin geprägt hat. Kaum eine Familie, die nicht Verwandte, Freunde oder Bekannte in Ost-Berlin oder der DDR hat und die nur unter Mühe den Kontakt halten konnte.

Die Mauer teilte eben nicht nur eine Stadt in zwei Hälften oder umschloß die eine Hälfte gar ähnlich einer Stadtmauer: Nein, diese Mauer zerriß Familien, trennte Ehepaare, schnitt die Bande zu alten Freunden ab. Sie war konkret. Sie ging mitten durch das Herz der Berliner. Ein Monstrum aus Beton, ein Stein gewordenes Dokument einer erstarrten Ideologie und des kalten Krieges – und von heute auf morgen bedeutungslos?

Seit 1961 sehnten alle Deutschen diesen Tag herbei, und plötzlich war er da. Von heute auf morgen wurde die Mauer überwunden, tausendfach einfach überklettert, durchlöchert, durchlaufen. Wer in Berlin wohnt, der hatte sich schon daran gewöhnt, nicht ohne weiteres in die Umgebung radeln zu können, im Transit nach Westdeutschland eine umständliche Prozedur durch DDR-Grenzposten über sich ergehen zu lassen; hatte gelernt, daß es unproblematischer war, nach Mallorca zu reisen als an den Müggelsee, obwohl der in Wurfweite liegt. So wie man sich an Unabänderliches eben gewöhnt und sich wohl oder übel damit einrichtet. Hier formte sich dann das aus, was oft naserümpfend als Inselmentalität bezeichnet wurde: die Idyllen im Schatten der Mauer, in den Kleingärten inmitten der Stadt. Am Sonnabend und am Sonntag der große Zug in die Parks und in die Forsten. Und die Rush-hour freitags hin zum Festland im Westen, in den Harz und in die Heide.

Wir alle mußten die neue Situation erst sinnlich erfahren. Schon in der Nacht vom 9. auf den 10. November setzten wahre Pilgerzüge von Berlinern zu den Grenzübergängen ein. Jeder wollte es selbst sehen, das Unglaubliche. Jetzt zeigte sich: Niemand hatte sich wirklich mit der Mauer abgefunden, im Innersten nicht. Die Insellage wurde über Nacht aufgehoben. Potsdam liegt nun wieder vor den Toren, Oranienburg rückt dank der Verbindung mit den BVG-Bussen wieder näher, und nach Berlin-Mitte, nach Friedrichshain und Prenzlauer Berg ist es nur eine U-Bahn-Station.

Unbeschreibliche Szenen spielten sich am innerstädtischen Kontrollpunkt Invalidenstraße ab, als die Grenze geöffnet wurde: Die Schlagbäume blieben oben, DDR-Grenzposten standen verlegen herum, einige machten noch den Versuch, etwas zu kontrollieren. Volksfeststimmung machte sich breit. Viele weinten. Sie kamen aus dem Osten, überschritten die Grenze und weinten hemmungslos vor Freude. Wieviel Leid hat die Mauer 28 Jahre lang den Menschen angetan? Wer will das jemals verantworten? In dieser Nacht gab es keinen Zwangsumtausch, die offene Grenze war Wirklichkeit geworden. Mitten im Kontrollpunkt stieg ich auf einen Tisch, auf dem Reisende sonst ihre Taschen leeren mußten, und hielt per Megaphon eine kleine Rede an Tausende von Menschen aus Ost und West. Ich rückte dabei nicht nur die historische Stunde – ein in diesen Tagen strapazierter, aber treffender Ausdruck – ins Bewußtsein, sondern mahnte auch zu Besonnenheit und zur Vernunft. Denn die gerade erst geöffnete Grenze wurde durch die Massen schon wieder verstopft, und die Trabbis kamen nicht durch.

In den ersten Stunden dieser Nacht war es meine größte Furcht, daß die Führung in Ost-Berlin die Staatsautorität und die

Grenze mit Waffengewalt verteidigen würde – oder daß ein Verantwortlicher der Grenztruppen die Nerven verlieren würde. Wir wußten ja noch nicht gleich, wie die andere Seite reagierte. Das stellte sich erst heraus, nachdem ich auf dem Kontrollpunkt Invalidenstraße ganz auf der östlichen Seite gewesen war und die Praxis der offenen Grenze gesehen hatte. Eine solche Kurzschlußreaktion hätte unvorstellbare Wirkungen gehabt – es hätte wirklich chinesische Verhältnisse bedeutet.

Auf dem Kontrollpunkt appellierte ich an die Berlinerinnen und Berliner, die Zufahrten offen zu lassen. Der Entspannungsprozeß an unserer innerstädtischen Grenze durfte nicht durch ungestüme Reaktionen behindert oder gefährdet werden. Diese Nacht war nicht zum Schlafen da. Ich blieb an dem Kontrollpunkt bis zum Morgengrauen, sprach mit den Berlinern aus dem Osten, die nur mal schnell zum Ku'damm wollten (nachts um zwei Uhr!) – um dann wieder zurückzufahren. Dann kamen die ersten Westberliner wieder vom Alexanderplatz zurück – dort wurde ebenso gefeiert wie auf dem Ku'damm. Man wollte es nicht nur aus dem Fernsehen erfahren, daß die Reisefreiheit verkündet war. Man wollte dabei sein, sich vergewissern. Viel Mißtrauen herrschte immer noch. Viele meinten, die Grenzen würden nur versuchsweise geöffnet. Das Vertrauensverhältnis zur Führung der DDR war bis ins Mark erschüttert – und ist es trotz Reisefreiheit wahrscheinlich immer noch.

Wildfremde Menschen, aber auch Familien, die sich seit Jahren nicht mehr gesehen hatten, lagen sich in dieser Nacht jubelnd in den Armen und stießen auf die neuen Besuchsmöglichkeiten an. Einige junge Ostberliner gaben mir ein Glas Rotkäppchen-Sekt, prosteten mir zu. Ein Vater führte seine beiden Zwillingstöchter von Ost- nach West-Berlin und erklärte ihnen mit Tränen in den Augen immer wieder, daß sie immer noch in derselben Stadt spazierengingen. Stürmisch applaudierende Menschen bewarfen Trabbis mit Blumen, klopften auf die Dächer. „Trabbi-Klatschen" nannte das eine Zeitung. Schließlich war der Übergang von Menschenmassen überschwemmt. Eine Stadt lag sich in den Armen.

Wie ein Lauffeuer verbreitete sich die Nachricht von der Öffnung der Mauer rund um den Globus. Ich weiß nicht, was ich in dieser Nacht häufiger tun mußte: Interviews geben oder Autogramme schreiben, Berlin stand wieder im Mittelpunkt des Zeitgeschehens, ja der Weltgeschichte. Doch nicht wie 1948 oder 1961 in unheilschwangeren Zeiten, sondern als exemplarischer Fall, wie Entspannungspolitik dazu beiträgt, die Grenzen zu überwinden.

Und am nächsten Morgen, also am 10. November, sollte ich als Berliner meine Antrittsrede als Präsident des Bundesrates halten. Noch unter dem unmittelbaren Eindruck der aufwühlenden Erlebnisse entlang der Mauer erhielt die bereits verfaßte Rede einen neuen Vorspann: Es war mein Gefühl, daß „das deutsche Volk jetzt das glücklichste Volk auf der Welt" war. Ein Ausspruch, der das Gefühl der Berliner und der Deutschen zum Ausdruck brachte und der von den Zeitungen rund um den Globus aufgegriffen wurde.

In diesen bewegenden Stunden dachte ich an Willy Brandt, den Mann, der mehr als alle anderen Politiker in unserem Land von dieser umwälzenden Entwicklung in Berlin unmittelbar berührt war. Er durchlebte und durchlitt die schmerzlichen Stunden des Mauerbaues 1961 in Berlin als Regierender Bürgermeister. Er sah sein Berlin durch die Machtpolitik dogmatischer SED-Herrscher eingeschnürt und einbetoniert. Unter schwierigen Bedingungen und gegen den erbitterten Widerstand und den Haß einer geifernden Opposition bahnte er den Weg für die Aussöhnung mit dem Osten. Er entwarf die Entspannungspolitik, die den Wandel in Osteuropa erst ermöglichte. Er leitete die Entspannungspolitik ein, die Gorbatschows Reformkurs letzten Endes möglich gemacht hat. Und nun ist sein Lebenswerk gekrönt: Der unbeugsame Freiheitswille Berlins hatte standgehalten. Die Politik des Wandels durch Annäherung hatte zum Erfolg geführt. Am Freitag mittag, keine 12 Stunden nach Öffnung der Grenzen, stand er vor dem Brandenburger Tor. Der SPD-Slogan „Berlin ist Freiheit" war nicht mehr nur abstrakt, er war Wirklichkeit geworden. In seiner Abschiedsrede als Parteivorsitzender hatte Willy Brandt Freiheit als Schlüsselbegriff seiner Politik in das Zentrum seiner Betrachtung gerückt. Diese Rede auf dem SPD-Parteitag in Bonn 1987 war die Vorlage für den damaligen Wahlkampfspruch. Freiheit für Berlin nach innen und Freiheit für Berlin nach außen hin.

Nach der Begeisterung der Nacht nahmen die Berliner am 10. November die Dinge ganz pragmatisch in die Hand. Ein wahres Netzwerk an Initiativen und Ideen überspannte die Stadt, und jeder überlegte sich, wie man den ersten Besuch unserer Nachbarn aus dem Osten erlebnisreich gestalten konnte. Der Phantasie waren keine Grenzen gesetzt: vom Rockkonzert in der Deutschlandhalle bis zu den selbstinszenierten Straßenfesten. Berlin feierte die Gäste und sich selbst, und zwar mit Wonne. Das war „typisch Berlin".

Für uns Politiker hieß es nun, die vielen praktischen Probleme zu regeln. Schon seit dem 29. Oktober, als ich in Ost-Berlin mit dem dortigen Ersten Sekretär der SED, Schabowski, und mit meinem Amtskollegen Krack gesprochen hatte, wußten wir, daß die Reisefreiheit voraussichtlich zum 1. Dezember kommen würde. Eine Arbeitsgruppe der beteiligten Verwaltungen hatte am 1. November die Arbeit aufgenommen, die Verkehrsbetriebe, die Polizei und die Sozialverwaltung hatten die Pläne für den Besucheransturm in der Schublade. Ganz pragmatisch mußten Regelungen zur Auszahlung des Begrüßungsgeldes, für die Bewältigung des Verkehrsaufkommens im öffentlichen Personennahverkehr und zur Einrichtung neuer Grenzübergänge gefunden werden. Alle packten mit an. Die Berlinerinnen und Berliner zögern nicht, wenn es um Aufbauarbeit und spontane Hilfe geht. Viele Spendenaktionen haben dies in den vergangenen Jahren unter Beweis gestellt. Und es klappte reibungslos, den Millionen Besuchern aus dem Osten den Aufenthalt so angenehm wie möglich zu machen.

Für unsere Stadtpolitik geht es nun darum, neue Prioritäten zu setzen. Eine offene Stadt braucht andere Verkehrsadern. Eine offene Stadt braucht die ganz normale Verknüpfung mit ihrem Umland. Sie benötigt eine Neuorientierung in der Flächenplanung. Kaum ein Politikbereich bleibt verschont, wenn sich die politischen Rahmenbedingungen rund um eine bislang eingeschlossene Stadt so nachhaltig verändern. Eine Herausforderung und eine Chance, die Zukunft zu gestalten. Wir können Vorreiter sein für Lösungsansätze, die später Schule machen: mit einer vernünftigen Energiepolitik genauso wie mit einer Verkehrspolitik, die unsere Metropole vor dem Kollaps durch die Blechlawinen bewahrt. Die revolutionären Veränderungen in der DDR sorgen auch in unserem Denken für produktive Unruhe.

Waren nicht gerade die Deutschen mit dem Makel behaftet, in ihrer Geschichte keine „anständige" Revolution hinbekommen zu haben? Litten sie nicht darunter, eher als Strammsteher verschrien zu sein, die vor allem das Gehorchen gelernt hatten? So wie Stefan Heym es am 4. November bei der großen Demonstration für Demokratie und Freiheit in Ost-Berlin ausgedrückt hatte. Auf einmal brachen alle Klischees in sich zusammen. Ausgerechnet die als eher kleinbürgerlich und angepaßt verschrienen DDR-Bürger, die sich angeblich in die Nischen ihrer Gesellschaft zurückgezogen hatten, wagten den Aufstand gegen die Obrigkeit. Die frische Brise der Demokratisierung in Mittel- und Osteuropa ließ sich auch durch eine Mauer der Ignoranz nicht ewig aufhalten. Gorbatschows neues Denken hielt sichtbar in die Köpfe der DDR-Deutschen Einzug.

Die DDR-Demokratiebewegung kopierte nicht die polnische „Solidarität" oder die ungarische Bürgerrechtsbewegung. Gorbatschows Revolution von oben brachte zwar Inspiration, aber keine Handlungsanleitung. In der DDR wuchs der Widerstand gegen ein erstarrtes Gesellschaftssystem, das den Sozialismus in der Form des Bürokratismus realisiert hatte. Es bildete sich eine politische Kultur des Protestes heraus, die ihresgleichen sucht: Schriftsteller statt Agitatoren, Schauspieler statt Volkshelden, die friedliche Furchtlosigkeit vor den Herrschenden statt der geballten Faust.

Die SED hatte die ganze Republik in eine Art potemkinsches Dorf verwandelt. Die Staatsführung ließ sich von den vorbeimarschierenden Jublern feiern und gab ihre frisierten Erfolgsbilanzen als Beleg für die eigene Tatkraft und Unfehlbarkeit aus. Der Macht- und Monopolanspruch der SED erstickte jede Kritik im Keim. Die Bürger der DDR erlebten den realen Sozialismus in erster Linie als bürokratische Bevormundung, als mühselige Plackerei, ohne daß man auf den grünen Zweig kommt, während die Führung ihre Privilegien munter auskostete. Und jeden Bezug zur Realität der Gesellschaft längst verloren hatte. Wie eine faszinierende Idee von Freiheit, Gleichheit und Solidarität so auf den Hund kommen konnte...

Erst die anhaltende Welle von Übersiedlern brachte das Faß zum Überlaufen: Die Bilder von den DDR-Bürgern, die die offene Grenze von Ungarn nach Österreich passierten und dabei alle Habseligkeiten im Stich ließen, heizten die Stimmung in der DDR richtig auf. Sollte die DDR ausbluten? Ging es um die Wiedervereinigung auf bundesdeutschem Boden? Der Aderlaß von Hunderttausenden traf die DDR-Regierung bis ins Mark. Die Unzufriedenheit der Bevölkerung artikulierte sich immer drängender. So wurden die Botschaften der Bundesrepublik in Budapest, Warschau und Prag zu Schicksalsorten der DDR. Schließlich zog die SED selbst einen Schlußstrich unter die Ära Honecker. Der große Zorn, schon lange aktiv, aber friedlich und gezügelt durch die protestantische Ethik im Schoße der evangelischen Kirche, traf eine selbstgefällige und realitätsblinde Parteiführung. Sie erhielt ihre Quittung vom Volk, und die war heftig. Die Demokratie brach sich Bahn in der DDR, sie wurde auf der Straße erkämpft. Für die Demokratiebewegung und damit für die Bevölkerung der DDR waren diese Massenproteste zugleich identitätsstiftend. Das Volk der DDR nahm sein Schicksal selbst in die Hände und mischte sich direkt ein. Gleichgesinnte kämpften für Veränderungen und hatten dabei eine Gesellschaft vor Augen, die den Menschen in den Mittelpunkt stellt. Das Volk der DDR schrieb damit ein Stück Freiheitsgeschichte, das anknüpft an die revolutionären Traditionen von 1848 und von 1918. Die von den DDR-Bürgern selbst so getaufte „Heldenstadt" Leipzig steht in den besten demokratischen Traditionen des mitteldeutschen Raumes von Sachsen und Thüringen. Von dort gingen die ersten demokratisch-sozialistischen Bestrebungen aus, die Gründung der deutschen Sozialdemokratie ebenso wie die demokratische Bewegung der Weimarer Zeit. Seit jeher war hier die freiheitliche Arbeiterbewegung besonders stark. Das sind Traditionen, auf die wir Deutsche stolz sein können, die in die Schulbücher gehören.

Als gespaltene Nation ist auch die Identität zwischen beiden Deutschlands zerrissen. Sicher, das gemeinsame kulturelle Erbe, von den Klassikern bis zu den Traditionen der Arbeiterbewegung, ist eine Quelle, aus der alle Deutschen ihre Identifikation gewinnen können. Doch viele historische Wurzeln, die das deutsche Nationalgefühl begründen könnten, wurden verschüttet, von der Nazi-Ideologie ausgerissen oder nach 1945 durch den kalten Krieg eingefroren oder nur für den Aufbau in einem Staat genutzt. Nach dem Sieg über den deutschen Faschismus wurde uns im Westen die Demokratie durch die Befreier geschenkt, wir mußten sie uns nicht erkämpfen. Der Wiederaufbau, die halbherzige Entnazifizierung und der amerikanische Schnellkurs in Sachen Demokratie schufen ein Zusammengehörigkeitsgefühl im Westen, wirkten damit aber noch lange nicht identitätsstiftend. Nationale Identität läßt sich nicht verordnen, sie muß historisch wachsen und erkämpft werden. Sie entsteht vor allem im Spannungsverhältnis, in der aktiven Auseinandersetzung und beim Aufbau einer demokratischen Gesellschaft. Wo eine Ordnung übergestülpt wird, fehlt dieser Unterbau. Symbole sind dafür nur ein schwacher Ersatz. Das Singen des Deutschlandliedes vor dem Rathaus Schöneberg auf der Kundgebung am 10. November traf die Gefühle der Menschen nicht und ging in Pfiffen unter. Es war beeindruckend, daß, bei aller Emotionalität des Wiedersehens, auch nicht die leisesten nationalistischen Töne aufkamen.

Für manche Konservative gehört zur Identifikation mit ihrem Land und der deutschen Nation der Begriff der Wiedervereinigung: ein Kampfbegriff, eine Einschwörungsformel. Wer diesen Treueeid nicht abzulegen gewillt ist, hat aus konservativer Sicht das Recht verwirkt, Deutscher zu sein. Das Adverb „wieder" führt dabei in die Irre. Sie blickt zurück in die Geschichte zu einem Deutschland, das es nie gab. Denn früher war es mehr als Bundesrepublik und DDR. Geht es also um Vereinigung? Dann stört mich, daß sie so einseitig vom Westen her betrieben wird. Von einem Partner, der den anderen mit Leichtigkeit ökonomisch an die Wand drücken kann. Vom großen Geld, das jetzt schon an den unerschlossenen „Markt DDR" denkt, und von den Maklern, die schon jetzt auf die Grundstücke in der DDR spekulieren.

Selbstbestimmung ist das, was die Deutschen in der DDR jetzt wollen. Sie wollen nicht die Bevormundung durch die SED durch ein Patronat der Bundesrepublik für die DDR ersetzen. Die Demokratiebewegung in der DDR will nicht eine Kopie des Wirtschafts- und Gesellschaftssystems der Bundesrepublik errichten. Die Konzeptionen der Demokratiebewegung zielen eher darauf ab, sich am ungarischen Modell oder am Prager Frühling zu orientieren. Ein Sozialismus mit menschlichem Antlitz, eine soziale Demokratie erscheint ihnen erstrebenswert. Für einen Realisten mag es illusorisch erscheinen, aus den Schokoladeseiten beider Gesellschaftssysteme eine neue demokratische Ordnung basteln zu können, denn die Wettbewerbsbedingungen bei internationaler Arbeitsteilung sind hart. Doch wer keine konkrete Utopie besitzt, wer nur pragmatischen Politikvorstellungen anhängt, wie soll der zu neuen Ufern aufbrechen können? Warum soll nicht im Schoß des bürokratischen Sozialismus der Keim für eine neue Ordnung schlummern? Und der muß gehegt und gepflegt werden. Die DDR-Deutschen müssen ihren eigenen Weg zu Freiheit und Demokratie gehen. So muß das Recht auf freie Selbstbestimmung verstanden werden. Das Volk der DDR muß eine faire Chance bekommen, das eigene Land gestalten zu können. Und zwar sowohl eine politische als auch eine ökonomische Chance. Im übrigen: Unsere Nachbarn im Westen wie im Osten sind nicht unbedingt erpicht darauf, daß sich ausgerechnet im Zentrum Europas ein deutscher Überstaat entwikkeln könnte. Das Mißtrauen gegenüber deutscher Großmannssucht sitzt noch tief und hat historische Ursachen.

Die Dynamik der Demokratiebewegung in der DDR ist groß und wird sich mit dem Fortgang der Reformen und der Erneuerung in der DDR eher noch beschleunigen. Ich bin überzeugt, daß wir im Westen von dieser friedlichen Revolution noch einiges lernen können. Die Herausforderung, die eine erfolgreiche Freiheitsbewegung für uns im saturierten Westen bedeutet, können wir alle noch nicht ermessen. Die Konservativen tun jetzt so, als sei in unserem Gesellschaftssystem alles perfekt. Wir sollen wohl vergessen, daß Mitbestimmung in der Wirtschaft und Teilhabe aller an den reichen

Früchten der Wirtschaft noch lange nicht erfüllt sind.

Unsere Perspektive heißt das gemeinsame große Haus Europa. Ein Europa, das keine Grenzen und keine Blöcke mehr kennt, sondern in dem die Menschen frei zusammenkommen können. Europa erlebt seine Renaissance als Ort der Veränderung, der politischen Kultur, des gesellschaftlichen Wandels. Mit der gesellschaftlichen Öffnung im Osten bricht der alte Kontinent auf zu neuen Ufern. Europa ist zu Recht als Wiege des technischen Fortschritts ausgewiesen, in Europa wurden die geistigen Grundlagen für unser westliches System der industriellen Gesellschaft gelegt, und nun beginnt Europa, ein neues Zeitalter einzuläuten: mit der Idee von der europäischen Einheit und dem in Europa beginnenden Abbau der Konfrontation zwischen den Blöcken. Ein Kontinent verändert sein Gesicht, Grenzen haben nichts Trennendes mehr, und Geschichtsbücher müssen neu geschrieben werden. So bauen wir unsere Zukunft auf, damit unsere Kinder eine gesicherte Lebensperspektive haben. Das ist wahrlich nicht die Zeit, um über neue Staaten und neue Grenzen zu sinnieren.

Eine Welt ohne Militärblöcke bleibt unsere Vision. Von den Wiener Abrüstungsverhandlungen gehen die richtigen Impulse aus: Sicherheitspartnerschaft und Vertrauensbildung lösen das Denken in den Kategorien der Abschreckung ab. Auch in unseren Köpfen muß die Abrüstung weitergehen. Zu tief sitzen noch die alten Feindbilder. Doch wo die sich auflösen, enden auch die Konfrontationen. Wo sich niemand mehr bedroht fühlt, verlieren auch Militärbündnisse ihre abschreckende Wirkung. Statt Kriegsszenarien zu entwerfen, müssen die Bündnisse Wege zum Frieden entwerfen. Ihre politische Bedeutung steigt also. Die strukturelle Nichtangriffsfähigkeit, die Schaffung ABC-waffenfreier Zonen entlang der alten Blockgrenzen sowie große Schritte hin zur Abrüstung sind jetzt die Aufgaben der Bündnisse. Europa als Kontinent des Friedens muß unser Ziel sein. Die Baustelle des europäischen Hauses darf nicht auf die deutsche Parzelle verengt werden. Das heißt, die Deutschlandpolitik muß vorrangig eingebettet in eine europäische Perspektive entwickelt werden. Es sind durchaus mehrere gleichrangige Staaten deutscher Zunge denkbar. Es ist durchaus denkbar, daß es neben der im westlichen Bündnis verankerten Bundesrepublik Deutschland eine DDR gibt, die zwar wie Polen und Ungarn im östlichen Bündnis bleibt, aber ein demokratischer und pluralistischer Staat wird wie Österreich und die Schweiz. Das könnte einen fruchtbaren Wettbewerb der Staaten und Gesellschaften zur Folge haben. Da die Grenzen ihren trennenden Charakter verloren haben, wird das zusammenwachsen, was zusammengehört. In einem freien Europa wird auch die Einheit der Deutschen Realität werden, unabhängig davon, ob das deutsche Volk in zwei oder in einem Staat organisiert sein wird. In einem einigen Europa wird das nicht mehr die bewegende Frage sein.

Für uns in Berlin eröffnet die Entwicklung in der DDR und in Osteuropa eine großartige Perspektive. Wir werden wieder eine Stadt sein, die ganz normal und in guter Nachbarschaft mit ihrem Umland lebt. In dem europäischen Haus nehmen wir das „Berliner Zimmer" mit den vielen Türen in alle Richtungen ein. Berlin ist der Ort, der Europa vorantreiben kann, wo Kooperation großgeschrieben wird und wo die auseinandergefallenen Blöcke wieder zu einem Kontinent zusammengefügt werden. Die Stadt liegt nicht mehr „da drüben" im Osten, sondern wir sind geographisch wie politisch der Mittelpunkt Europas. Hier ist der Ort des kulturellen, wissenschaftlichen und wirtschaftlichen Austausches zwischen Ost und West. Hier treffen sich die Menschen aus dem Westen und aus dem Osten. Hier spüren wir den Atem der Geschichte. Berlin ist wieder Freiheit.

Die vier Tage

Eine Fotochronik

Nach kurzer Öffnung ging das Tor wieder zu

Tag und Nacht schallt den DDR-Grenzsoldaten am Brandenburger Tor in den revolutionären Tagen vom 9. bis 12. November von der Mauer auf der anderen Seite die Aufforderung entgegen: „Macht das Tor auf!“ Zehntausende Westberliner kamen von der Siegessäule her zu dem historischen Bauwerk, um ihre Solidarität mit der Demokratie-Bewegung in der DDR zu bekunden. In der Nacht zum 10. November haben ihre Rufe für ein paar Stunden Erfolg. Die Wachen lassen Ostberliner nach Westen und Westberliner in den Osten der Stadt passieren. Aber am Morgen des 10. November ist das Brandenburger Tor wieder dicht – im Gegensatz zu alten und neuen Grenzübergangsstellen, die sich für DDR-Bewohner geöffnet haben.

West und Ost trifft sich auf der Mauer

Friedlich entern Hunderte Westberliner in der Nacht zum 10. November die Mauer vor dem Brandenburger Tor. Wenige Meter vor dem Wahrzeichen Berlins endet hier die an den Volksaufstand von 1953 erinnernde Straße des 17. Juni, die ehemalige Siegesallee. Lauter Jubel ertönt, als gegen Mitternacht von der anderen Seite her junge Ostberliner durch das Tor vordringen und ebenfalls die Mauer erklettern. Am Rand der breiten Fahrbahn überkleben junge Leute die Schilder der Straße des 17. Juni mit Pappe. Zur Erinnerung an die Nacht der menschlichen Wiedervereinigung steht nun darauf: Straße des 9. November.

Der Ansturm ist nicht mehr zu stoppen

Beruhigend redet ein Offizier der DDR-Grenztruppen auf Berliner ein, die sich an einem der Mauer-Übergänge drängeln. Wie ein Lauffeuer hat sich im Westen und Osten der Stadt herumgesprochen, daß der DDR-Ministerrat beschlossen hat, allen Bürgern seines Staates von sofort an Privatreisen ins Ausland „ohne Vorliegen von Voraussetzungen" zu gestatten. Zwar heißt es in dem Ministerratsbeschluß weiter, Visa für den Grenzübertritt würden „kurzfristig" erteilt, aber die Berliner nehmen sich an diesem Abend das Recht zum Grenzübertritt sofort und ohne Visa. Die Grenzsoldaten können den plötzlichen Ansturm nicht mehr stoppen und erhalten Befehl, die Menschenmassen passieren zu lassen.

Der beste Platz ist auf der Mauer

Der beste Platz, die Öffnung der Berliner Grenzsperren mitzuerleben, ist oben auf der Mauer, die seit 1961 die Stadt zerschnitten hat. Junge Leute in Jeans sitzen da oben wie im ersten Rang – vor sich eine Bühne, auf der ein Stück deutsche Geschichte aufgeführt wird. Übermütig singen sie: „Auf der Mauer auf der Lauer sitzt 'ne kleine Wanze".

Eine Frau ist zu spät gekommen

Nach kurzer Freigabe wird das Brandenburger Tor in der Nacht zum 10. November wieder von Soldaten der Grenztruppen abgesperrt. Auf dem Pariser Platz versucht eine zu spät gekommene Ostberlinerin, die Mauer der Uniformierten zu durchbrechen. Sie habe auch Kinder, die einmal zur Armee müßten, schreit sie einen der Posten an, man solle sie doch bitte nicht aufhalten: „Laßt mich doch einmal durchs Brandenburger Tor, nur einmal!" Und das Unerwartete geschieht. Ein Offizier läßt die Frau passieren.

Revolution mit Bonbons statt Bomben

Über Nacht hat die sanfte Revolution der DDR-Demokratiebewegung alle Mauern und Grenzen überwunden, die Nachkriegsdeutschland willkürlich teilten. Über Nacht ändert sich auch das Verhältnis zwischen den 28 Jahre lang gefürchteten und gehaßten DDR-Grenzsoldaten und den Bürgern. Versöhnlich reicht ein Grenzgänger dem DDR-Posten an einem neuen Mauer-Durchlaß ein Bonbon hin. Aber die Staatsmacht weiß noch nicht so recht, wie sie darauf reagieren soll.

NZS

Nasse Abwehr und duftende Grüße

Der Versuch junger Leute, auch am Brandenburger Tor die Mauer für einen Durchgang einzureißen, wird von DDR-Grenzsoldaten erfolgreich abgewehrt – mit Hilfe eines Feuerwehrschlauchs. Schlimmere Zwischenfälle bleiben West und Ost erspart. Es bleibt bei einer unblutigen Revolution. Und langsam paßt sich auch die Grenztruppe der neuen Lage an. Gesichter, die so lange verschlossen gewirkt haben, hellen sich plötzlich auf – zum Beispiel, wenn jemand Blumen über die Mauer reicht.

Zwei deutsche Fahnen werden vereinigt

Historischer Moment am Abend des 9. November am Berliner Grenzübergang Bornholmer Straße. Jubelnd stürmen Ostberliner zwischen den Grenzbarrieren hindurch in den Westteil der Stadt, den die meisten von ihnen noch nie betreten durften. Alle können plötzlich ungehindert passieren. Nicht einmal die Ausweise werden in dieser Nacht von der Grenzpolizei kontrolliert. Ein junger Mann feiert die Sensation auf symbolträchtige Weise: Er hat die Fahnen der Bundesrepublik und der DDR auf einer Stange so miteinander verbunden, daß die Farbfolge nun Schwarz-Rot-Gold-Rot-Schwarz ist.

Der Volkslauf in den Westen

Hand in Hand, Arm in Arm und meist im Sauseschritt sind Ostberliner in der Nacht zum 10. November unterwegs nach West-Berlin. Wie hier an der Bornholmer Straße haben sich für die Ostberliner am späten Abend an den Übergängen alle Tore und Schlagbäume geöffnet. Den sonst so schlagfertigen Bewohnern der alten Hauptstadt bleibt angesichts der dramatisch geänderten Lage fast die Sprache weg. Nach einem Kommentar gefragt, stammeln die meisten nur ein Wort: „Wahnsinn!“

An der Grenze knallen die Sektkorken

An der innerdeutschen Grenze, wo in den vergangenen Jahren Schüsse knallten und Minen detonierten, knallen an den sonnigen Tagen nach der Öffnung der Übergänge die Sektkorken. Dieser junge Ausflügler aus der DDR hat seine Flasche genau in dem Moment entkorkt, als er bei Duderstadt über die Grenzlinie rollte.

Freude und Schmerz beim Abschied im Westen

Deutsche Gefühle November 1989. Eine Familie aus Königswusterhausen bei Berlin liegt sich am Grenzübergang Gudow östlich von Hamburg weinend in den Armen. Die Freude über die erste gemeinsame Westreise mischt sich für Manfred Fenn und seine Frau Inge mit Abschiedsschmerz. Die erwachsenen Kinder des Ehepaares haben sich entschlossen, nicht wieder mit den Eltern in die DDR zurückzukehren. Mehr noch aber fließen in diesen Novembertagen Freudentränen. Weinend und lachend feiern Deutsche beider Staaten den Sieg der DDR-Demokratiebewegung über 28 Jahre Mauer, Minenfelder, Selbstschußautomaten und gezielte Todesschüsse.

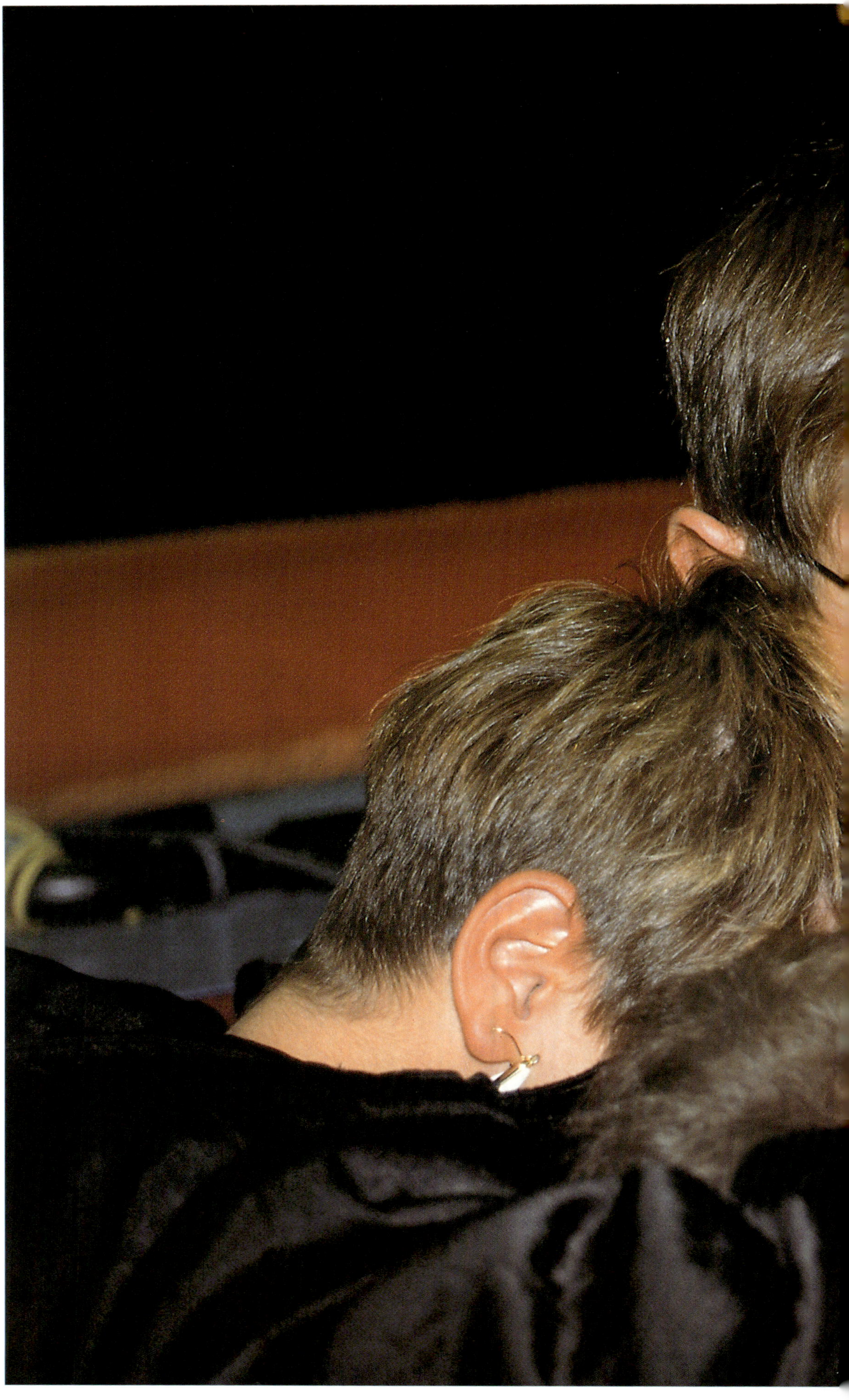

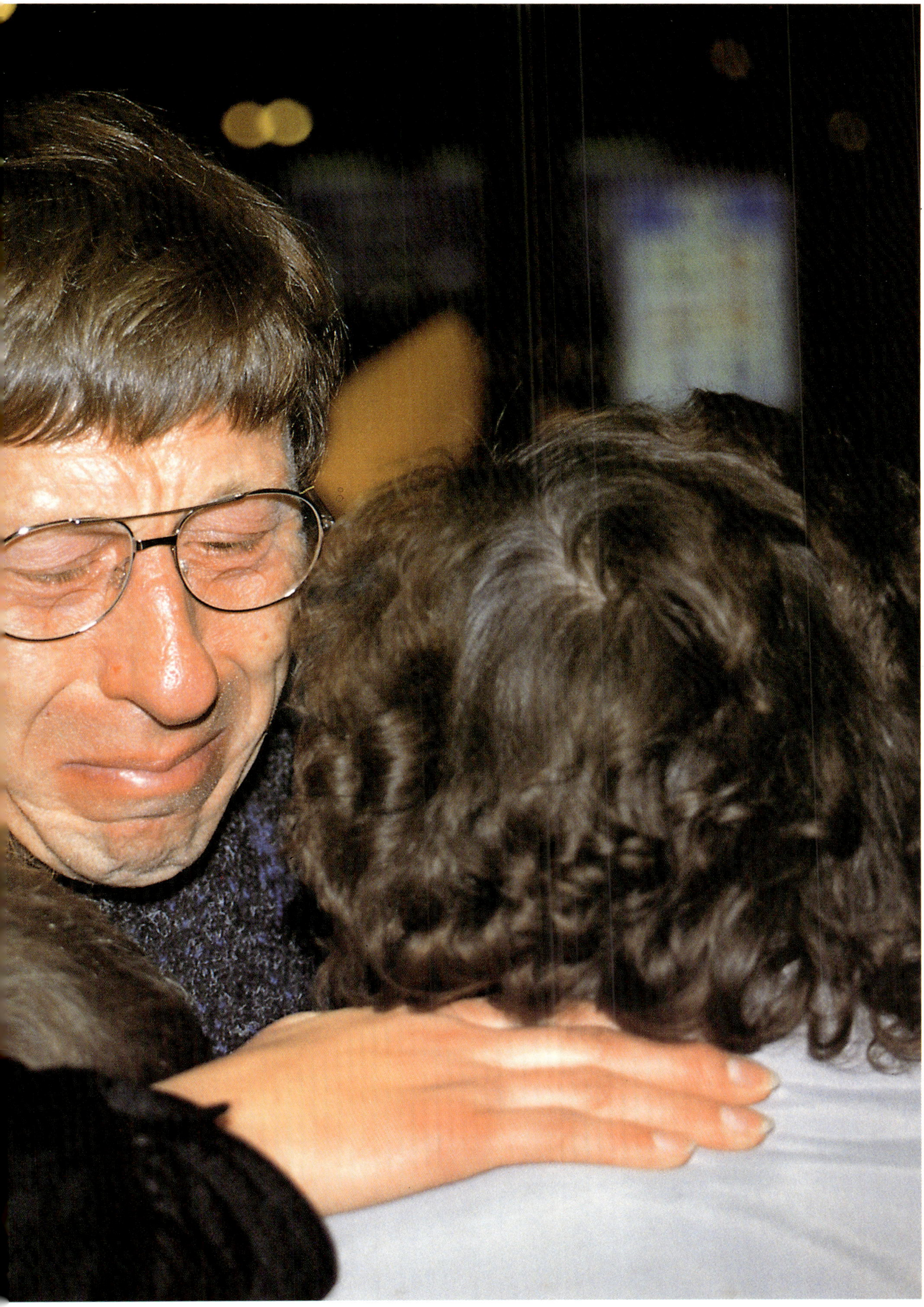

Ein Erfolg für die Politik Willy Brandts

Begleitet von zwei Nachfolgern in seinem einstigen Amt als Regierender Bürgermeister von West-Berlin, Dietrich Stobbe und Walter Momper, besucht der 75jährige SPD-Ehrenvorsitzende Willy Brandt am 10. November die plötzlich für DDR-Bürger geöffnete Mauer und das noch gesperrte Brandenburger Tor. Als Bundeskanzler der sozialliberalen Koalition schuf Brandt zwischen 1969 und 1974 durch seine Ostpolitik die Voraussetzungen für eine Annäherung der beiden deutschen Staaten und die Überwindung der innerdeutschen Grenzen. Auf einer Kundgebung vor dem Schöneberger Rathaus erklärt der Altkanzler mit bewegter Stimme: „Wir sind jetzt in der Situation, wo wieder zusammenwächst, was zusammengehört."

Westlicher „Anschlag“ gegen die Mauer

Mit schweren Vorschlaghämmern schlagen junge Männer auf Westberliner Seite am 10. November Löcher in die Mauer, die an vielen anderen Stellen von der DDR längst freiwillig geöffnet worden ist. Für die zur Bewachung des „antifaschistischen Schutzwalls“ bestellten DDR-Mauerwächter bedeutet das eine Provokation. Doch die Grenzer halten sich zurück. Sie haben Anweisung, nur im äußersten Notfall einzugreifen. Von der Schußwaffe soll kein Gebrauch gemacht werden.

Ein Augenblick in revolutionärer Zeit

Neugierig, vielleicht auch ängstlich, blickt ein DDR-Grenzsoldat durch ein in die Mauer geschlagenes Loch. Es ist ein Blick in eine Welt, die sich nun auch für ihn öffnet. Denn schon wenige Tage später gibt die Führung der Grenztruppen bekannt, daß die neue Reiseregelung auch für DDR-Grenzer gilt. Nur hohe Offiziere müssen als sogenannte Geheimnisträger vorläufig noch auf einen Ausflug in den Westen verzichten.

ESTONIA

Stück um Stück entsteht ein neuer Übergang

Mit Schneidbrennern durchtrennen DDR-Bausoldaten in der Nacht zum 12. November am Potsdamer Platz die Stahlverstrebungen zwischen den Betonteilen der auf der Westseite mit bunten Graffitis übersäten Mauer. Dann wird unter dem Jubel Tausender Westberliner ein Segment nach dem anderen von einem Baukran fortgehievt. So entsteht eine neue Grenzübergangsstelle, durch die fortan wieder der Verkehr von einem Teil der Stadt in den anderen fließen kann. Vor dem Krieg galt der Potsdamer Platz im Herzen Berlins als der verkehrsreichste Straßenknotenpunkt Europas.

Neuer Rekord am Potsdamer Platz

Am Morgen des 12. November bricht der Fußgängerverkehr am Potsdamer Platz alle Rekorde. Zu Hunderttausenden strömen Ostberliner durch den neuen Übergang in den Westen und Westberliner in den Osten.

LIVE

„Das alte Herz Berlins beginnt wieder zu schlagen“

Nach der Öffnung des neuen Übergangs Potsdamer Platz reichen sich dort, wo eben noch die Mauer den Weg versperrte, West-Berlins Regierender Bürgermeister Walter Momper und sein Ostberliner Kollege Erhard Krack freundschaftlich die Hände. Als Geschenk bringt der Sozialdemokrat Momper dem SED-Mann Krack ein Modell der ersten Verkehrsampel der Welt mit. Sie stand schon Anfang der zwanziger Jahre hier am Potsdamer Platz, einst das verkehrsreiche Herz der alten Weltstadt. „Mit diesem Übergang“, sagt Momper einem Reporter ins Mikrofon, „beginnt das alte Herz Berlins wieder zu schlagen.“ Die Signale stehen auf Grün.

AJE 3-96

Das Auto der Revolution

Pausenlos rollen an den Wochenenden, tuckernd und nach Zweitakter-Gemisch stinkend, DDR-Autos wie dieser Trabant aus Mecklenburg zum Besuch in die Bundesrepublik und wieder zurück. Westliche Journalisten feiern den „Trabbi", wie das Plastikauto genannt wird, als „Auto des Jahres" und „Auto der Revolution". Der Zweitakter mit der genauen Typenbezeichnung Trabant 601 wird seit 1964 vom VEB Sachsenring Automobilwerke Zwickau in Serie gebaut. Er hat 26 PS und 594,5 Kubikzentimeter Hubraum und bringt es auf Tempo 100. Mit 2,5 Millionen Exemplaren ist der Trabbi der Volkswagen der DDR. Er kostet rund 13 000 Mark und wird, wenn man ihn als DDR-Bürger bestellt, nach zwölf Jahren Wartezeit geliefert.

Die Trabbis werden lässig durchgewunken

Trabbis und Wartburgs bilden am ersten Wochenende nach Einführung der DDR-Reisefreiheit vor den Grenzübergangsstellen zur Bundesrepublik bis zu 60 Kilometer lange Schlangen, obwohl die ostdeutschen Grenzer die Fahrzeuge entgegen früherer Übung lässig durchwinken. Mehrere Millionen Wagen werden innerhalb weniger Tage an den Übergängen gezählt. Die westdeutsche Bevölkerung aus den grenznahen Gebieten bereitet der Armada aus dem Osten — wie hier am Übergang Hirschberg bei Hof — staunend, winkend und fotografierend einen freundlichen Empfang.

Grenzkontrollstelle
700 m

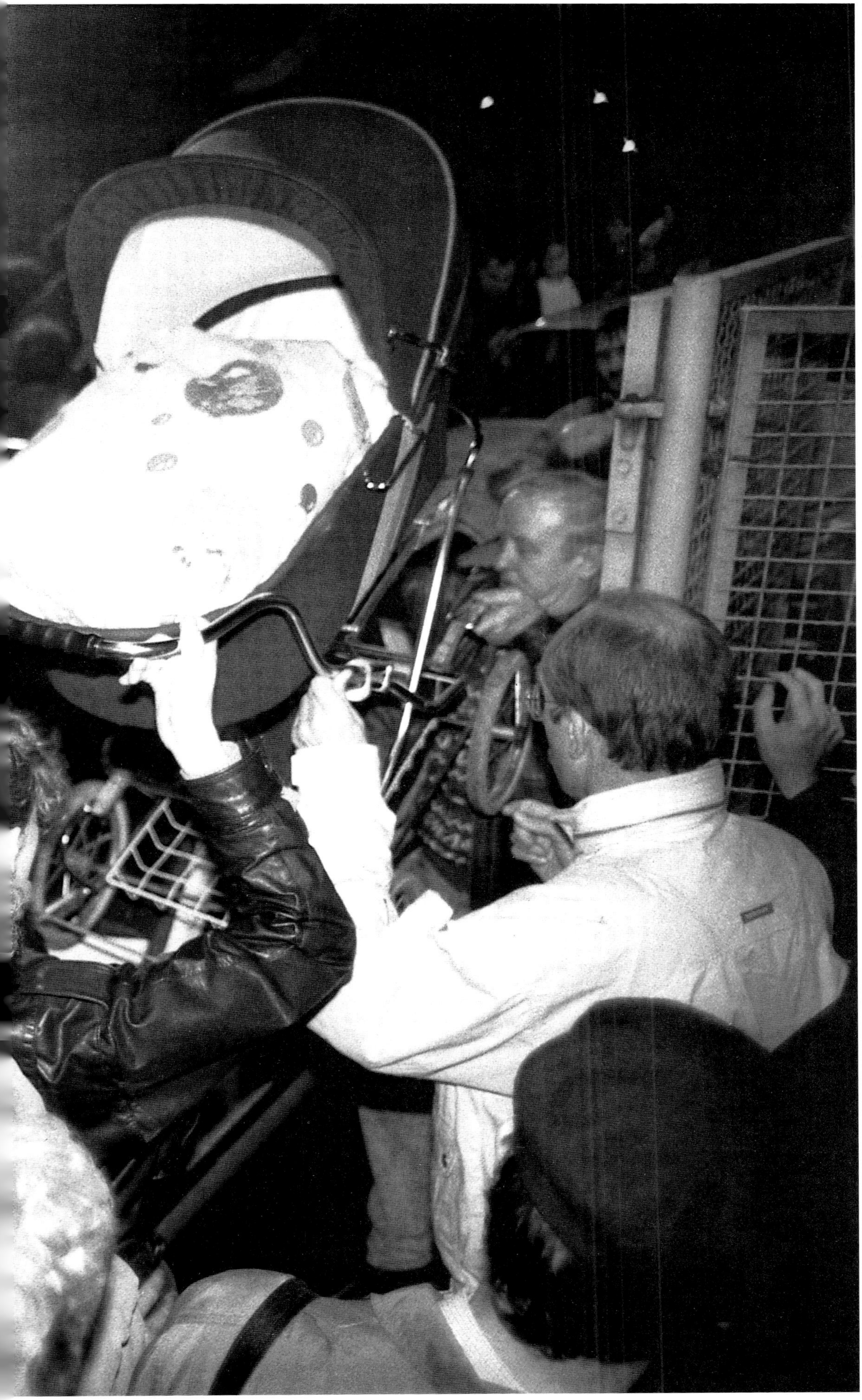

Eine Nachricht mobilisiert die Stadt

Die ersten Nachrichten von der Freigabe der Grenzübergänge für DDR-Bürger verbreiten sich am Abend des 9. November in Ost-Berlin wie ein Lauffeuer. Ziel vieler, die die neue Freiheit gleich ausprobieren wollen, ist gegen Mitternacht der Grenzkontrollpunkt Bornholmer Straße. Junge Leute, manche sogar mit Kinderwagen, gehören zu den ersten, die einen Ausflug nach West-Berlin unternehmen. Das Hauptziel der Ostberliner ist in dieser Nacht der Kurfürstendamm mit seinen Lichtreklamen, dem altbekannten Café Kranzler und den von Luxuswaren überquellenden Schaufenstern.

Das Gegenteil von gähnender Leere

Nach Öffnung des Schlagbaums wird das Gedränge in der Nacht zum 10. November am Übergang Bornholmer Straße immer stärker. Nicht nur Menschenmassen schieben sich hier in den Westteil Berlins, auch die ersten Trabbis tuckern schon inmitten der Menge westwärts. Bis zum Abend des 9. November herrschte hier wie an anderen Übergängen nachts gähnende Leere.

Ein Brocken Beton als Souvenir

Mit Hammer und Meißel schlagen Berliner kleine Brocken aus der Mauer – als Andenken. Geschäftstüchtige Händler versuchen wenig später sogar am Kurfürstendamm, mit steinernen Souvenirs aus dem häßlichsten Bauwerk der Welt ein kleines Geschäft zu machen. Und ein reicher amerikanischer Spekulant macht der DDR das Angebot, ihr für viele Millionen Dollar den gesamten Berliner „Schutzwall" abzukaufen. Aus dem stückweisen Weiterverkauf des bunt bemalten sozialistischen Bauwerks verspricht sich der US-Kapitalist einen Riesenprofit. In West-Berlin dagegen mehren sich die Stimmen, wenigstens einzelne Abschnitte der Mauer mit ihren zum Teil künstlerisch wertvollen Graffitis stehenzulassen – als Freilichtmuseum.

Ost und West machen gemeinsame Sache

Um zu verhindern, daß sich die Berliner beim Massenansturm auf neue Übergänge wie am Potsdamer Platz gegenseitig niedertrampeln, machen Sicherheitskräfte aus West und Ost gemeinsame Sache. Arm in Arm bilden Westberliner Polizisten, erkennbar an ihren Schirmmützen, und Grenzsoldaten der Nationalen Volksarmee eine Absperrkette. Spontane deutsch-deutsche Amtshilfe sorgt auch entlang der innerdeutschen Grenze zwischen Lübeck und Hof dafür, daß schwierige Situationen gemeistert werden.

ERWEHR
FEUERWEHR

Ein Brückenschlag im Harz

Unbürokratisch, schnell und einfallsreich reagieren die DDR-Behörden, als vom 10. November an ein Millionenheer zu Fuß, mit Trabants und Wartburgs, auf Motorrädern und in Sonderzügen zum Ausflug in den Westen aufbricht. Innerhalb von vier Tagen werden in Berlin zehn und an der Grenze zur Bundesrepublik 13 neue Grenzübergänge eingerichtet. Neu ist auch der Grenzübergang Eckertal bei Bad Harzburg — eine in Windeseile errichtete Holzbrücke für Fußgänger. Durch die neuen Grenzschleusen, deren Öffnung Rundfunk und Fernsehen bekanntgeben, wird der starke Andrang auf die alten Übergangsstellen ein wenig entlastet.

Der Freiheit eine schmale Gasse

Für die neue Reisefreiheit sind die alten Berliner Mauer-Durchlässe viel zu schmal. Am Übergang Heinrich-Heine-Straße staut sich der Fußgängerverkehr in den Westteil der Stadt zwischen Straßensperren und Abfertigungshäuschen. Unweit dieser Stelle, an der seit dem späten Abend des 9. November soviel Gedrängel herrscht, hatten vor einem Vierteljahrhundert Westberliner unter der Erde Fluchttunnel gegraben, um Freunde und Verwandte aus Ost-Berlin herüberzuholen.

Tips für die Motoristen aus der DDR

Auch bei Ratzeburg in Schleswig-Holstein stehen Bundesbürger freundlich Spalier für die ostdeutschen Gäste. Ein Ehepaar aus Mecklenburg reist mit Motorrad und Beiwagen an – auf bundesdeutschen Straßen ein Gefährt von äußerster Seltenheit. In Faltblättern und über Rundfunk werden die Motoristen aus der DDR vorsorglich auf abweichende Verkehrsbestimmungen der Bundesrepublik aufmerksam gemacht, zum Beispiel, daß es hier im Gegensatz zur DDR verboten ist, bei Rot weiterzufahren, wenn man nach rechts einbiegen will.

Breschen im Grenzzaun, Lücken in der Mauer

Zwei Situationen, die vor dem 9. November undenkbar waren. Südlich von Göttingen sind die Grenzbarrieren von der Landstraße verschwunden, die von dem DDR-Dorf Hohengandern zu der auf westdeutschem Gebiet verlaufenden Bundesstraße 27 führt. Ein neuer Übergang entstand, auf dem sofort in langer Schlange Trabbis westwärts rollen – quer über den einstigen „Todesstreifen" hinweg und vorbei an den Metallgitterzäunen der deutsch-deutschen Grenze. Zur Eröffnung am 12. November läßt die DDR-Grenztruppe auch westdeutsche Wagen ohne größere Formalitäten in der Gegenrichtung passieren. Unvorstellbar bis vor kurzem auch das Foto rechts: Ein Westberliner Polizeibeamter hilft an einer Baustelle einem DDR-Grenzer durch eine Mauerlücke.

Mit Blasmusik über die Grenze

Volksfeststimmung an der deutsch-deutschen Grenze. Zur Eröffnung eines neuen Übergangs von Thüringen nach Hessen marschiert die Blaskapelle der DDR-Gemeinden Diedorf und Wendehausen am Sonntag, dem 12. November, die von Grenzsperren geräumte Bundesstraße 249 entlang ins westdeutsche Wanfried an der Werra. Dort feiern dann Deutsche von hüben und drüben bis in den nächsten Morgen.

Neuheit vom Berliner Automarkt

Berliner Automobilisten-Humor November 1989. Der Ostberliner Besitzer eines Trabbis schon etwas älteren Baujahrs bietet seinen Plastikbomber im Westen zum Tausch an. Für einen Mercedes 300 SL würde er seinen Zweitakter „ohne Aufpreis“ hergeben.

h dem Training:
n trägt Wienerwald.
Deutsche Einhei
Jetzt!
ABER WELCHE?
SL ohne Wertausgleich
WCM 3-42

Das Schnäppchen auf dem Fischmarkt

Sonntagmorgen, 12. November, am Hamburger Hafen. Auf dem traditionellen Fischmarkt, bei dem die Händler mit Witz und Lautstärke leicht verderbliche Ware schnell unter die Leute zu bringen versuchen, hat eine Familie aus dem DDR-Städtchen Havelberg gerade ein Schnäppchen gemacht – Apfelsinen und Bananen zum Schleuderpreis (aber leider nicht für Ost-Mark).

MIMTUR
MiMTUR

Auch am Sonntag bleiben die Läden geöffnet

Am ersten Wochenende nach Einführung der Reisefreiheit überschwemmen Menschen aus der DDR – wie hier in der Fußgängerzone von Kassel – die Einkaufszentren der grenznahen Orte. Die meisten Läden bleiben für die neuen Kunden am Samstag bis in den späten Abend und vielerorts auch am Sonntag geöffnet. Angesichts voller Schaufenster mit einem Überangebot an Waren geraten die Besucher aus dem Land der Mangelwirtschaft in einen Kaufrausch. Millionen Mark Begrüßungsgelder werden gleich wieder ausgegeben – für Bananen und Ananas, preiswerte Textilien und Schuhe, Süßigkeiten und Parfümerieartikel. In den Kaufhäusern drohen Walkmen und Radiorecorder auszugehen. Einige Kaffee-Läden sind vorübergehend bis auf die letzte Bohne ausverkauft. Auch für Ost-Mark kann in vielen Geschäften eingekauft werden – mitunter sogar im Verhältnis 1:1 statt zum Wechselstubenkurs, nach dem die DM-Ost im Westen anfangs 10 Pfennig, später nur noch fünf Pfennig wert ist.

Pfankuch
HH

Ein Tisch, ein Stuhl – und fertig ist der Übergang

Bulldozer schieben Betonhindernisse zur Seite, DDR-Bausoldaten planieren überwucherte Landstraßen, Schweißgeräte zerschneiden Stahlgitterzäune. Überall zwischen Lübeck und Hof öffnet die DDR an der deutsch-deutschen Grenze neue Übergänge für DDR-Bürger, die mit ihren Trabbis, Wartburgs und Ladas einen Ausflug in den Westen machen wollen. Die DDR-Grenztruppen, 28 Jahre lang für eher bürokratische Umständlichkeit bekannt, erweisen sich dabei als Meister der Improvisation. Ein Stuhl und ein Tisch werden an den Rand der alten Chaussee gestellt, ein Grenzbeamter nimmt Platz – und schon kann bei Mustin östlich von Ratzeburg der Verkehr von Mecklenburg nach Schleswig-Holstein und zurück rollen.

Die meisten kehren auch wieder zurück

Die Hoffnung der DDR-Regierung, durch Freizügigkeit im Reiseverkehr die Massenflucht ihrer Bürger in den Westen zu stoppen, scheint aufzugehen. Nur ein verschwindender Prozentsatz nutzt die Gelegenheit, sich für immer nach West-Berlin oder in die Bundesrepublik abzusetzen. Die meisten DDR-Deutschen kehren von ihren Stippvisiten in den Westen gutgelaunt wieder zurück – wie diese Ostberliner am Übergang U-Bahnhof Jannowitzbrücke. Jeder, der einen Personalausweis oder Paß der DDR besitzt, darf unkontrolliert passieren.

Der lange Marsch in die November-Revolution

Von Helfried Schreiter

Jede Revolution schreibt sich ihr Szenario. Jede Revolution sucht sich ihre Väter. Ob auch jede Revolution ihre Kinder frißt, muß sich in der „November-Revolution" der DDR erst noch zeigen.

Das Szenario der laufenden Ereignisse erinnert auffallend an ein Stück aus einem dort noch immer gültigen Lehrbuch über den historischen Materialismus. Die ehemals Mächtigen, die nicht müde wurden, ihrem Volke beizubringen, daß der Mensch entsprechend dieser Lehre nicht Objekt, sondern Subjekt der Geschichte sein kann und muß, wurden durch eben dieses Volk zu Objekten degradiert.

Der Lauf der Geschichte, so nämlich lehrt der historische Materialismus, folgt bestimmten Gesetzen. Und in Kenntnis dieser Gesetze kann der Mensch handeln, kann er Verhältnisse ändern. Vor allem die Widersprüche sind es, die die Geschichte unerbittlich vorantreiben, weil sie permanent nach Lösung drängen. Werden sie aber durch die Herrschenden keiner Lösung zugeführt, kommt es zu einem Stau, der sich eines schönen Tages mit Gewalt Bahn bricht und die alten Strukturen hinwegfegt. So geschehen in den Monaten Oktober und November in der DDR.

Das bisher vorliegende Szenario erinnert aber auch an ein Stück aus einem Lehrbuch über absolute Herrschaftsformen, die stets auf Ewigkeiten ausgerichtet sind und nach außen selbst dann noch das Bild eines monolithischen Blocks bieten, wenn sie im Inneren längst zu Staub zerfallen sind. Wir leben jedoch heute nicht mehr im Zeitalter totalitärer Strukturen und starker und starrer Männer. Die Geschichte hat ein neues Spiel aufgelegt, nämlich das Spiel mit den vielgestaltigen Demokratieformen, in das nun auch die DDR eingetreten ist.

Weiter gemahnt das Szenario der Tage im Herbst des Jahres 1989 an ein Stück aus einem Lehrbuch der Gerontologie. Der Altersstarrsinn hat das Seine dazu beigetragen, die Zustände unterträglich werden zu lassen. Der Realitätsverlust der alten Herren im Politbüro ging bis zur totalen Blindheit, die sie die mahnende Schrift an der Wand nicht mehr sehen ließ.

Und nicht zuletzt erinnert das Szenario der revolutionären Umwälzung in der DDR an ein Stück aus einem Lehrbuch über den Sinn von Widerstand. Diesem Aspekt gebührt hier besondere Aufmerksamkeit, ist er doch geeignet, uns alle im Widerstehen zu ermutigen.

Im Unterschied zur Perestrojka in der Sowjetunion vollzog sich die Wende in der DDR zumindest in ihrer Anfangsphase nicht in Form einer Palastrevolution, sondern als kraftvoller Akt des Selbsthelfers VOLK. Und es war auch nicht eine kleine Elite, die, wie in Ungarn, in der Hauptstadt und reichlich fern vom Volke, den Ausbau neuer Herrschaftsformen vornahm.

Obwohl die Rolle der evangelischen Kirche in der DDR bei der Herausbildung von zivilcouragiertem Widerstand gar nicht hoch genug angesetzt werden kann, ging es, ganz im Gegensatz zu Polen, dennoch nicht um die Ablösung einer „Staatsreligion" durch eine andere.

Die katholische Kirche hat sich in der DDR bei der Unterstützung oppositioneller Kräfte auffallend zurückgehalten, und dies wohl nicht allein ihrer kleinen Herde wegen. Ihr war und ist die mangelnde Gottergebenheit der renitenten Kräfte suspekt. Die Revolutionäre der DDR suchten nicht das Ohr des Priesters, sondern das der Massen. Wer antritt, den „Schlaf der Vernunft" zu beenden, ist an der Seelsorge des Vatikan kaum interessiert. „Der Hintern des Teufels ist die Unruhe", sagt Bloch, und „die Langeweile ist der Hintern Gottes".

Zusätzlich findet der fehlende Schulterschluß der verschiedenen Reformgruppen der DDR mit der polnischen „Solidarność" seine Erklärung in unterschiedlicher nationaler Mentalität. „Im Ausguß der Gefühle sind wir Meister", beschrieb schon in den dreißiger Jahren der polnische Schriftsteller Aleksander Swietochowski den Charakter seines Volkes, „im Handeln des Verstandes schwach, deshalb haben wir hervorragende Poeten, aber überhaupt keine Philosophen und nur wenige Genies in der Wissenschaft". Das will mit der deutschen Vorliebe für Logik und Perfektion so recht nicht zusammengehen.

Die Geschichte der DDR war immer auch die Geschichte der Opposition, wie ja auch die Geschichte der Bundesrepublik ohne die Geschichte ihrer oppositionellen Kräfte nicht denkbar ist. Nur kommt man zu falschen Schlüssen, wenn man die Geschichte der DDR als die eines permanent unterdrückten Volkes schreibt. So war es nicht. Über weite Strecken hat das Volk das sozialistische Experiment aus historischer Einsicht mitgetragen. Da war sogar Leidenschaft mit am Werk. Wie anders wären denn sonst die unbestrittenen Erfolge dieses Staates zu erklären? Sklaven vermögen das nicht zu leisten.

Und es gab Klammern zwischen oben und unten. So war beispielsweise die

Angst vor Krieg und atomarem Inferno immer auch Kitt für den Zusammenhalt der DDR-Gesellschaft. Und in dem Maße, wie sich die politische Lage in Mitteleuropa und zwischen den beiden Großmächten entspannte, lockerte sich eben auch diese Klammer. Mut und Lust an gesellschaftlicher Veränderung begannen zu wachsen. Die Unterschrift Erich Honeckers unter die Helsinki-Deklaration im Jahre 1975 trug das Ihre dazu bei.

Die Achtundvierziger haben sich nach dem Scheitern der Revolution von 1848 bitter über die Miserabilität des Materials beklagt, das die Geschichte vorfand. So schrieb Bakunin im Dezember 1848 an Herwegh: „Ich erinnerte mich an die Worte, die Du mir in Paris vor der Revolution so oft wiederholt hast: ‚Die erste Revolution in Deutschland wird für uns nichts Tröstliches haben, da sie der Sieg der bourgeoisen Niederträchtigkeit sein wird.‘ – Wie groß die Niederträchtigkeit des deutschen Philisters ist, das habe ich erst jetzt in vollem Maße gesehen. Nirgends ist der Bourgeois ein liebenswürdiger Mensch, aber der deutsche ist niederträchtig mit Gemütlichkeit.“

Der Zustand war nicht neu für die deutsche Geschichte, wie er sich ja auch danach nicht wesentlich gebessert hat. Erst dem Volk der DDR ist es vorbehalten, ein neues Blatt im deutschen Geschichtsbuch zu beschreiben. Es hat sich gegenüber seinen Oberen, die zu sozialistischen Bourgeois von „niederträchtiger Gemütlichkeit“ entartet waren, geduldig gezeigt; hat ihnen viel verziehen, ihnen immer noch einmal eine Chance eingeräumt, bis ihm endlich aufging, daß die da oben ihre Schularbeiten nicht gemacht hatten und auch weiterhin nicht willens waren, sie zu machen. Da erst hat es sich erhoben und sie abgeschüttelt. Für das Honecker-Politbüro ein überraschender Vorgang, wie der ehemalige Volkskammerpräsident und Ex-Politbürokrat Horst Sindermann eingestand. „Es sah so aus“, sagte er, „als rutschten vierzig Jahre Sozialismus weg.“ Und er sah nicht das Volk, sondern die Konterrevolution anmarschieren. Dabei hatte das Volk doch nur seine Lektion gelernt und etwas durchaus Vorhersehbares getan. Es war ganz einfach dem Lehrbuch des historischen Materialismus gefolgt, das den Massen bei erstarrten Strukturen empfiehlt, der Geschichte den Weg freizusprengen durch einen revolutionären Akt.

Der 17. Juni 1953, so oft als erster großer Volksaufstand gegen das herrschende Regime apostrophiert, war bei Lichte besehen vor allem die Revolte von Bauarbeitern, die zu wenig Geld in der Lohntüte vorgefunden hatten. Ein zwar kräftiges, aber auch dumpfes Aufbegehren ohne wesentliche historische Zielsetzung. Ein Umstand, der es der SED-Führung verhältnismäßig leicht machte, sich um ernsthafte Folgerungen oder gar Reformen zu drücken. Die Massen hakten nicht nach, denn sie waren schlicht nur unzufrieden und einfach nur dagegen gewesen. Väter für das heutige Geschehen auf Ost-Berlins Straßen lassen sich in den Reihen der Demonstranten des Jahres 1953 schwerlich entdecken. Auf den Demonstrationen des Herbstes 1989 werden die Forderungen nicht nur phantasievoll und mit Witz vorgetragen, sondern lassen in ihrer Formulierung auch den Staatsmann in der Masse entdecken, dem über seinen ganz persönlichen Sorgen und Wünschen nicht das gesellschaftliche Gesamtinteresse abhanden kommt. Das vordem von den Herrschenden so oft mißbrauchte Wort vom „Staatsvolk der DDR“ erhält mit einemmal seinen Sinn.

Dennoch ist auch der 17. Juni 1953 nicht folgenlos geblieben. Die Opposition, die sich anschließend zu formieren suchte, kam aus den Reihen der SED. Das wütende Aufbegehren der Massen hatte einige führende Funktionäre nachdenklich werden lassen, zu denen auch der damalige Minister für Staatssicherheit, Zaisser, gehörte. Doch die sowjetische Führung baute voll und ganz auf Stabilität, wollte keine Experimente und entschied sich für eine Stärkung Ulbrichts, weshalb es zu einer umfassenden Säuberungsaktion in der SED kam, bei der auch Zaisser sein Amt verlor.

Mit dem Tod Stalins und den im Januar 1956 nachfolgenden Enthüllungen Chruschtschows über dessen Verbrechen mehrten sich auch in der DDR die Angriffe gegen den Stalinismus. Besonders an den Universitäten wurden unter führender Beteiligung von Ernst Bloch und Robert Havemann lebhafte Debatten über einen möglichen „dritten Weg“ geführt, der sich durch die Vermeidung von Kapitalismus und die Überwindung der bestehenden sozialistischen Herrschaftsformen auszeichnen sollte. Und mit der Nennung dieser beiden Namen sind wir zugleich bei zwei Vätern der „November-Revolution“ angelangt.

Ernst Bloch war 1949 aus seiner Emigration in den USA nach Leipzig zurückgekehrt, wo ihm die Universität einen Lehrstuhl angeboten hatte, der in den ersten Jahren zu einem Zentrum kritischer philosophischer Diskussionen wurde. Als Bloch allerdings eine internationale philosophische Konferenz zum Thema „Das Problem der Freiheit im Lichte des wissenschaftlichen Sozialismus“ einberief und dort gegen den bürokratischen Sozialismus und für eine Rätedemokratie eintrat, eröffneten die Orthodoxen in der SED das Feuer auf ihn. Und als er es am 14. November 1956 auf einem Hegelkongreß auch noch wagte, die Partei aufzufordern, „statt Mühle endlich Schach“ zu spielen, den Sozialismus also auf eine mit seinem Freiheitsbegriff zu vereinbarende Stufe zu heben, war das Maß voll. Bloch wurde „antimarxistischer“ und „revisionistischer“ Auffassungen bezichtigt und bekam Auftrittsverbot, 1957 verlor er auch seinen Lehrstuhl. Bis zum Mauerbau blieb er in der DDR, kehrte aber danach von einer Reise in die BRD nicht zurück. Der Literaturwissenschaftler Hans Mayer, als er von der Rehabilitierung Havemanns und Blochs durch die am 16. November 1989 erfolgte postume Wiederaufnahme in die Ostberliner Akademie der Wissenschaften hörte: „Ein Philosoph erhält seine Bedeutung nicht von irgendeiner Bürokratie zuerkannt, sondern von der Geschichte. Was sich in der DDR vollzieht, ist eine Verwirklichung der Gedanken von Bloch. Man braucht gar nicht abstrakt vom ‚Prinzip Hoffnung‘ zu sprechen. Ich denke an die ungeheure Veranstaltung in Berlin am 4. November, eine halbe Million Menschen gehen auf die Straße, und zu den Massen sprechen – ein vollkommenes Novum in der deutschen Geschichte – Intellektuelle, Künstler, Schriftsteller, direkt oder indirekt von Bloch beeinflußt… Der Gedanke, der immer wieder vertreten wurde, das Schlagwort, das die Massen gerufen haben, hieß ja ‚Erlernung des aufrechten Ganges'. Das ist doch die Formel von Ernst Bloch, das, was er immer wieder gepredigt hat."

Obwohl Walter Ulbricht sich mit der bereits im März 1956 bekanntgegebenen Feststellung, Stalin sei fortan nicht mehr zu den Klassikern des Marxismus zu zählen, sichtlich beeilt hatte, obwohl er zur Überwindung des Dogmatismus aufrief und erklären ließ, in der DDR habe es niemals Personenkult gegeben, schwelte die Unzufriedenheit vor allem innerhalb der SED weiter. Spätestens mit diesem Versuch Ulbrichts, sich den Pelz zu waschen, ohne ihn naß zu machen, wurde in der SED und in allen anderen Parteien und Massenorganisationen ein Zwangsmechanismus installiert, der jeden Ansatz einer Kritik an der Führung auch für die Zukunft unmöglich machte. In jenen Wochen wurden die Parteimitglieder nämlich zum erstenmal aufgefordert, eine „rückwärtsgewandte Fehlerdiskussion" nicht zuzulassen. Und dieses befehlsgemäße Verschließen der Augen sollte sich bis in die letzten Tage vor dem 40. Jahrestag der DDR fortsetzen. Auf diese Art wurde Staatsgeschichte geschrieben und wurden alle Andersdenkenden in die Ecke gedrückt und kriminalisiert, denn eine „rückwärtsgewandte Fehlerdiskussion" anzuzetteln, hieß ja von nun an immer auch die „Kampfkraft der Partei" zu schwächen und also die „Geschäfte des Klassenfeindes" zu besorgen.

Bereits im Februar 1957 auf dem 30. Plenum des ZK der SED hatte Ulbricht seine Partei wieder voll im Griff und konnte feststellen: „Unsere Partei ist im letzten Jahr, das von komplizierten Ereignissen erfüllt war, festen Schrittes vorwärtsgeschritten. Die Genossen haben eine gute Arbeit geleistet und die wütenden Angriffe des Gegners gegen unsere Partei und gegen die Arbeiter- und Bauernmacht gemeinsam mit den Blockparteien und den anderen demokratischen Kräften der Nationalen Front zurückgeschlagen. Und jetzt gehen wir zur Gegenoffensive über."

In diesem Zitat zeichnet sich eine Diktion ab, die die SED mit nur geringfügiger Variation bis in den Oktober 1989 beibehalten sollte, gleichzeitig wird die Nationale Front darin unfreiwillig als das entlarvt, was sie bis zur Entmachtung von Honecker, Hager und Mielke geblieben ist, nämlich ein Instrument zur Disziplinierung der anderen Parteien.

Als sich 1956/57 der Parteiphilosoph Wolfgang Harich – auch er ein Schüler von Ernst Bloch – mit einigen kritischen Funktionären zu treffen begann, um mit ihnen über die Überwindung des Stalinismus und entsprechende Reformen in der DDR zu diskutieren, war sein und das Schicksal der Gruppe, die organisatorisch gar keine war, bereits besiegelt. Aus dem Essay „Schwierigkeiten mit der Wahrheit" von Walter Janka, dem Leiter des Aufbau-Verlags, der sich an den Diskussionen beteiligt hatte, wissen wir heute detailgenau, wie brutal sich Ulbrichts Herrschaftsapparat solch kritischer Geister annahm.

Janka nennt seinen Vernehmungsoffizier im Hause der Staatssicherheit nicht beim Namen, sondern spricht von dem „Bekannten", denn sie kennen sich aus den Jahren des Spanienkrieges, wo jener sich schon bei der Liquidierung von Trotzkisten hervorgetan hatte. Der „Bekannte", kein Geringerer als Erich Mielke, nachmaliger Minister für Staatssicherheit, benutzt im wesentlichen zwei Verhörmethoden, und es lohnt, sie hier kurz zu beschreiben, weil auch sie in der weiteren Geschichte der DDR zur Routine werden. Im ersten Teil prasseln Verdächtigungen, Verleumdungen und böswillige Behauptungen auf das Haupt des Angeklagten hernieder, so wird Janka beispielsweise unterstellt, eine Konterrevolution wie in Ungarn gewollt zu haben. Außerdem befördert ihn der „Bekannte" zum RIAS-Agenten, zum Spion des Ostbüros der SPD, und zuletzt auch zum „Ehrgeizling", der Ulbricht aus dem Sattel stoßen wollte, um selber darauf Platz zu nehmen. Wenn diese Methode wirkungslos bleibt, wird an das Gewissen appelliert, nun soll der „alte Kommunist und Spanienkämpfer" die Verschwörung aufdecken und damit sich und der Partei helfen. Bei Wolfgang Harich griff diese „weiche" Taktik so sehr, daß er sich während des Prozesses, der ihm immerhin zehn Jahre Zuchthaus bescherte, sogar bei der Staatssicherheit dafür bedankte, daß sie ihn gestoppt habe, denn, so Harich: „Ich war ein politisch durchgebranntes Pferd, das mit Zurufen nicht mehr aufzuhalten war."

Gleichfalls darf der Prozeßbericht im „Neuen Deutschland" beispielhaft für die weitere Agitation gegen „Agenten, Spione und Konterrevolutionäre" in der DDR genannt werden, und er gibt das Muster vor, nach dem künftig Befreiungsversuche in anderen sozialistischen Ländern zu behandeln sind. Und er bringt wohl zum erstenmal die „aktive Gefährdung des Friedens" durch die „Ausarbeitung der staatsfeindlichen Konzeption" der Angeklagten ins Spiel. Mit der Behauptung, erst müsse man den bedrohten Frieden sichern, ehe man sich innenpolitische Kurskorrekturen leisten könne, sind im Laufe der vergangenen vierzig Jahre unzählige aufmüpfige Geister jeder Couleur niedergehalten worden. Weiter hieß es unter Anspielung auf den Ungarn-Aufstand von 1956: „Die Zielsetzung der Gruppe wies eine weitgehende Parallelität mit dem Auftreten ungarischer Intellektueller auf, das in seinem Ergebnis zu dem konterrevolutionären Putschversuch führte... Das ungarische Beispiel beweist die unerhörte Gefährlichkeit dessen, was die Angeklagten unternommen haben, erklärte der Generalstaatsanwalt."

Mit der Verurteilung von Harich, Janka und anderen Intellektuellen hatte Ulbricht auch der Opposition in der Parteiführung ein Stoppsignal geben wollen. Karl Schirdewan, der zweite Mann im Politbüro, Ernst Wollweber, der Minister für Staatssicherheit, und ZK-Sekretär Gerhart Ziller waren dort zu Verfechtern einer Entstalinisierung und von Wirtschaftsreformen geworden, und sie zielten auf eine Entmachtung Walter Ulbrichts. Unterstützung bekamen sie vom Chefideologen Oelßner und dem für die Wirtschaft zuständigen stellvertretenden Regierungschef Fritz Selbmann. Möglicherweise hätten sie weitere Anhänger um sich scharen und dann zum Erfolg kommen können, wäre da nicht die erneute Hinwendung zum Dogmatismus gewesen, die im November 1957 auf einer kommunistischen Weltkonferenz deutlich wurde. Dadurch bekam Ulbricht die Mehrheit auf seine Seite und hatte somit ein leichtes Spiel bei Verurteilung und Ausschluß der „Schirdewan-Gruppe“ im Februar 1958. Gerhart Ziller hatte sich in Kenntnis der Prozesse gegen Harich und Janka schon vorher das Leben genommen.

Damit war es der Parteiführung gelungen, jegliche oppositionelle Bewegung sowohl in der Partei als auch außerhalb zu zerschlagen. Die Machtkonzentration an der Spitze hatte sich weiter verstärkt. Zwischen 1958 und 1961 wurden sieben Erste Sekretäre von Bezirksleitungen der SED abgesetzt. Das Politbüro führte die SED als „Partei neuen Typus“ wie eine Armee, in der die unbedingte Befehlsausführung oberstes Gebot ist. Auch daran sollte sich bis zur „November-Revolution“, in der die parteilosen Massen sogar den Genossen der SED Mut zur Zivilcourage machten, nichts mehr ändern.

Wachsende ökonomische Schwierigkeiten und die damit einhergehende Verschlechterung der Lebenslage, sowie die gewaltsame Durchführung der Kollektivierung der Landwirtschaft bescheren der DDR 1959/60 die erste große Fluchtwelle. Um ein Ausbluten des Staates zu verhindern, entschließt sich die Parteiführung im August 1961 zum Bau der Mauer.

Mit einer verbesserten Sozialpolitik und wachsender wirtschaftlicher Konsolidierung kommt es danach über einen langen Zeitraum zu einer gewissen Aussöhnung zwischen Parteiführung und Volk. Die Jahre zwischen 1962 und 1970 sind nicht die schlechtesten Jahre in der DDR-Geschichte. Wolfgang Venohr, ein strammer bundesdeutscher Konservativer und guter Kenner der Verhältnisse in der DDR, schreibt über diese Jahre nach dem Mauerbau: „Ulbricht förderte bewußt die politisch entmachteten und gedemütigten Schichten des Kleinbürgertums und des Mittelstandes... unter der Bedingung, daß sie sich den neuen Verhältnissen anpaßten, sich zum neuen Staat wohlverhielten und täglich ihre Pflicht taten... Er schuf eine Leistungsgesellschaft der materiellen und moralischen Anreize und ging geschmeidig eigene gesellschaftspolitische Wege zur Annäherung der Klassen, als er pro forma ein Mehrparteien-System unter dem Deckmantel der antifaschistischen Bündnispolitik und als er eine Art neuer Volksgemeinschaft unter dem linken Etikett ‚sozialistische Menschengemeinschaft‘ kreierte...“

Und um die Fiktion einer sozialistischen Menschengemeinschaft aufrechtzuerhalten, durfte es in diesem Staat unmöglich antagonistische Widersprüche geben. Wenn es denn überhaupt welche gab, so das Dogma, konnte es sich dabei nur um harmlose Widersprüche handeln, die im Handumdrehen zu lösen sind. Wie ja überhaupt allgemein gelehrt wurde, daß sich zwar die Ablösung einer Klassengesellschaft durch eine andere stets nur gewaltsam durch eine Revolution vollziehe, die Reise vom Sozialismus in den Kommunismus indessen viel mehr einer vergnüglichen Reise ins Paradies ähnele. Niemand sollte auf die Idee kommen, es könnten eines Tages auch im „real existierenden Sozialismus“ die Herrschaftsformen gewaltsam geändert werden müssen.

1963 treten kritische Dichter und Liedermacher, wie zum Beispiel Wolf Biermann, Heinz Kahlau und Paul Wiens, in überfüllten Sälen vor ein begeistertes, meist jugendliches Publikum. Vor allem die künstlerische Intelligenz wittert Morgenluft, sie übernimmt es, von nun an in zunehmendem Maße den Part der Opposition zu spielen. Ganz vorn die Schriftsteller, in deren Romanen nun nicht mehr nur Handlung transportiert wird, sondern auch Informationen über gesellschaftliche Zusammenhänge und Mißstände, über Widersprüche also, die von den Zeitungen der DDR verschwiegen werden. Angesichts der solcherart eingeschmuggelten geistigen Konterbande reißt der SED-Führung schon bald wieder der Geduldsfaden, und auf dem 11. Plenum des ZK der SED im Dezember 1965 werden die Intellektuellen erneut fest an die Kandare genommen. Es ist Erich Honecker, der dort die Brandrede hält, gegen „Skeptizismus und Unmoral" wettert, „schädliche Tendenzen" in Filmen und Büchern anprangert und sich schließlich mit der Forderung nach einer „sauberen Leinwand" an die Seite konservativer westdeutscher Kräfte stellt. Besonders hart werden Wolf Biermann, Stefan Heym und Robert Havemann kritisiert.

Der Kommunist Havemann, von den Nazis zum Tode verurteilt, saß zusammen mit Erich Honecker im Zuchthaus Brandenburg, organisierte dort den Widerstand, baute sogar einen illegalen Sender zusammen und gab eine Zeitung heraus. Von 1945 bis 1950 leitete der Chemiker Robert Havemann das Kaiser-Wilhelm-Institut in Berlin-Dahlem. Von den Amerikanern wurde er entlassen, weil er gegen die Entwicklung der H-Bombe protestiert hatte. Er wechselte daraufhin zum physikalisch-chemischen Institut an der Humboldt-Universität in Ost-Berlin, wurde dort Direktor und bekam 1959 den Nationalpreis der DDR verliehen. Als er jedoch in einer Vorlesungsreihe über „Naturwissenschaftliche Aspekte philosophischer Probleme" seine Vorstellungen von einer „Dialektik ohne Dogma" entwickelte und großen Zulauf von Studenten erhielt, schloß ihn die SED aus, und er verlor seinen Lehrstuhl an der Universität. Bis zum Frühjahr 1966 durfte er weiter in der Akademie der Wissenschaften auf dem Gebiete der Fotochemie arbeiten, danach wurde er auch aus der Liste der Akademie gestrichen und bekam Hausverbot.

Rückblickend fällt auf, daß die SED-Führung wenig Mühe hatte, auf direkte antikommunistische Anwürfe zu reagieren, denn sie bestätigten das Feindbild und trugen im Lande eher noch zur Stabilisierung bei. Gefährdet indessen sah sie sich stets durch Versuche einer kritischen Bestandsaufnahme und Neubewertung ihrer Lehre aus den eigenen Reihen, denn da funktionierte das Feindbild nicht, da ging es immer an die Substanz. Sobald die gottgleiche Unfehlbarkeit der Partei in Frage gestellt war, wurde allen sogenannten Revisionisten und Abweichlern geifernd der Kampf angesagt. Zudem fühlten sich die verkniffenen Orthodoxen auch vom brillanten Umgang der Bloch, Havemann, Heym und Biermann mit der Sprache verunsichert. Das Vergnügliche am Denken, der Witz, die Ironie und eine gelöste Heiterkeit sind ihnen ein Greuel. Auch in diesem Punkt nimmt die Volksbewegung des Jahres 1989 die Traditionen der oppositionellen Kräfte der fünfziger und sechziger Jahre wieder auf. Einfallsreichtum und Witz der mitgeführten Transparente sprechen eine beredte Sprache, in ihnen ist endlich auch die

Kluft zwischen den kritischen Intellektuellen und dem besten Teil des Volkes aufgehoben.

Zum anderen fürchtete die Führung der SED alle kritischen Impulse, die von außen aus der sozialistischen Welt kamen, denn aus ihrer Sicht waren sie angetan, das durch ein ausgeklügeltes Repressionssystem hergestellte innere Gleichgewicht ins Wanken zu bringen. Deshalb schlug sie während und kurz nach dem Ungarnaufstand erbarmungslos zu, wo sie Sympathisanten witterte, und aktivierte auch während des „Prager Frühlings" 1968 alle ihre Überwachungssysteme.

Viele der führenden Männer in der SED kamen aus dem illegalen Kampf gegen den Hitlerfaschismus, sie kannten daher alle Kniffe und Methoden illegaler Arbeit. Das machte es ihnen und insbesondere der Staatssicherheit unter Mielke leicht, jeden Versuch illegaler Tätigkeit in der DDR schon im Ansatz zu zerstören. Die Stunde der großen Verunsicherung schlägt den alten Männern erst in dem Augenblick, wo sich der Widerstand völlig neuer, ihnen nicht bekannter phantasievoller Handlungsweisen bemächtigt. Mit Kerzen in den Händen eine Kette zwischen zwei Botschaften zu bilden, Botschaften gar zu besetzen oder Friedensmahnwachen aufzustellen – das war ihnen fern gewesen und macht die Sicherheitskräfte dann eine lange Zeit hilflos. Doch bis dahin ist es im Jahre 1968 noch ein langer Weg.

Mit der Ablösung Ulbrichts durch Honecker im Jahre 1971 erhoffen sich viele Menschen in der DDR einen Wandel auch in der Innenpolitik. Und bis zum IX. Parteitag der SED im Jahre 1976 kommt es nicht nur zur spürbaren Verbesserung der Lebenslage und einer wesentlichen Entkrampfung zwischen beiden deutschen Staaten, sondern auch zu einer liberalen Kulturpolitik. Doch die Staats- und Parteiführung sieht sich durch die zunehmenden Konflikte im Weltkommunismus gezwungen, Position zu beziehen. „Kommunismus" ist längst nicht mehr so eindeutig zu definieren wie zu Stalins Zeiten. Die Bandbreite reicht jetzt vom diktatorischen Staatskommunismus in der Sowjetunion bis zur chinesischen Spielart, vom jugoslawischen Reformkommunismus bis hin zum Eurokommunismus der italienischen, spanischen und französischen KP. Auf dem IX. Parteitag nimmt die SED im Konflikt mit Peking eindeutig für Moskau Stellung und distanziert sich von eurokommunistischen Reformideen. Jedoch richtet sie schon einen Monat später in Berlin das Treffen von 29 europäischen kommunistischen Parteien aus und druckt alle dort gehaltenen Reden, also auch die von Berlinguer (KP Italien) und Carillo (KP Spanien), im „Neuen Deutschland" in vollem Wortlaut ab. Carillo verwendet sich eindeutig gegen „diktatorische Formen" und für „politischen und ideologischen Pluralismus ohne Einparteiensystem". Und von Berlinguer sind dort die folgenden denkwürdigen Sätze über die Lebensnotwendigkeit von „rückwärtsgewandten Fehlerdiskussionen" zu lesen: „Ich glaube, daß ein Kommunist sich einer dauernden Kontrolle seiner eigenen Gedanken unterziehen muß. Dieser Wahrheitsfindung muß eine Analyse der Geschichte vorausgehen, ein Mensch muß fähig sein, seine eigenen Ideen zu kritisieren, wenn er seine eigenen Ideen und seine Überzeugungen entwickeln will, vor allem dann, wenn er will, daß seine Ideen Einfluß auf Fakten nehmen und auf die Geschichte."

Derartige Haltungen bleiben in der DDR nicht ohne Wirkung. 1977 erscheint, wenngleich nur in der Bundesrepublik, das Buch „Die Alternative" von Rudolf Bahro, einem Funktionär der SED. Er legt damit die erste umfassende Systemkritik aus marxistischer Sicht vor und wird deswegen zu acht Jahren Zuchthaus verurteilt. In einer kurzen ADN-Meldung werden ihm in bewährter Verleumdungspraxis vor allem Gewinnstreben und Devisenvergehen wegen der ungesetzlichen Veröffentlichung seines Buches im Westen vorgeworfen. Die Ideen des Rudolf Bahro haben in der DDR wegen der nahezu unmöglichen Beschaffung des Buches und der von ihm benutzten schwierigen Sprache nur wenig Resonanz gefunden, um so mehr haben sein Mut, seine Konsequenz und seine Aufrichtigkeit beeindruckt. Und Rudolf Bahro gehört deshalb, unabhängig von heute von ihm bezogenen Positionen, zu den Vätern der „November-Revolution", zumal sich am Tage seiner Verurteilung in Frankfurt/Oder ein SED-Funktionär entschließt, Bahros Werk fortzusetzen. Sein Name: Rolf Henrich, Rechtsanwalt und Autor eines in der ersten Hälfte 1989 in der Bundesrepublik erschienenen Buches über den „Vormundschaftlichen Staat", in dem er feststellt, daß die „Politbürokratie" der DDR ihre Herrschaft „unter Mißachtung menschlicher Grundbedürfnisse" sichert. Sie vertraut nur dem „Gewaltapparat" von Staatssicherheit und Polizei, er ist ihr „Garant der eigenen Sozialversicherung" und steht über Recht und Gesetz. Henrich darf zwar seinen Beruf als Anwalt nicht weiter ausüben und wird aus der Partei ausgeschlossen, aber nicht vor Gericht gestellt. Als er sich schließlich den Mitbegründern des oppositionellen „Neuen Forum" zugesellt, beginnt sich ein Kreis zu schließen.

Doch zurück in die siebziger Jahre. Da auch Robert Havemann und Wolf Biermann unüberhörbar Demokratisierung und Rechtsstaatlichkeit fordern und unbequem werden, meint die SED-Führung, sich zumindest des kritischen Liedermachers elegant entledigen zu können, indem sie ihm für ein Konzert im November 1976 in Köln zwar ein Ausreisevisum erteilt, ihn aber nicht wieder einreisen läßt und ausbürgert. Die Empörung vor allem in Schriftstellerkreisen ist groß. Eine Gruppe renommierter Autoren fordert die SED-Führung in einem offenen Brief auf, die Maßnahme zu überdenken. Statt nachdenklich zu werden, setzt die Politbürokratie zur Säuberung der Künstlerverbände an. In der Folge verlassen viele Schriftsteller und Schauspieler die DDR, unter ihnen Günter Kunert, Sarah Kirsch, Manfred Krug, Angelica Domröse, Klaus Poche und Erich Loest.

Was gedacht war, die Macht der Partei- und Staatsführung zu festigen, wurde in Wahrheit zum „point of no return", zum Ausgangspunkt ihres unaufhaltsamen Abstiegs. Danach haben die Herrschenden in der DDR innenpolitisch nie wieder das Gesetz des Handelns zurückerlangt. Schadensbegrenzung heißt ab jetzt die Devise, aber weder die Verschärfung des Strafrechts noch ein ehrgeiziges Wohnungsbauprogramm ändern etwas daran, daß die Regierenden von nun an zu Reagierenden geworden sind. Einen vorläufigen Schlußpunkt dieser Politik setzt Egon Krenz am 9. November mit der Öffnung der DDR-Grenzen als allerletzter Maßnahme zur Rettung auch seiner Macht.

Anfangs mag es ihnen jedoch erschienen sein, als ließe sich jede Art von Opposition niederhalten, geht man nur hart und konsequent genug gegen sie vor. In Jena, dem damaligen Zentrum geistiger Unruhe und kritischen Denkens, statuieren sie ein Exempel, indem sie am 19. November 1976 Diakon Thomas Auerbach, den Stadtjugendleiter der Evangelischen Kirche in Jena, zusammen mit 40 Mitgliedern eines literarischen Arbeitskreises von jungen Arbeitern, Lehrlingen und Studenten, die gegen die Biermann-Ausbürgerung protestiert hatten, verhaften und zehn Monate später in den Westen abschieben. 1982 verfahren sie mit dem Jenaer Bildhauer Michael Blumhagen, dem Transportarbeiter Roland Jahn und dem Fotografen Manfred Hildebrandt, die sich für „Solidarität mit dem polnischen Volk" eingesetzt hatten, in gleicher Weise. Auch der Schriftsteller Jürgen Fuchs wird verhaftet, verhört und verurteilt. Die Staatssicherheit macht in Jena regelrecht Jagd auf rebellische Jugendliche, und es gelingt ihr, in dieser Stadt „Ruhe" eintreten zu lassen. Doch Jena ist nur eine Stadt unter vielen.

Politische Stabilität, soviel ist selbst den vergreisten Herren des Politbüro klar, läßt sich nur mit wirtschaftlichen Erfolgen herstellen, und die sind wiederum nur durch enge Kooperation mit westlichen Industriestaaten, insbesondere der BRD, zu erlangen. Dazu jedoch ist eine allmähliche Öffnung der DDR unumgänglich. Seit Mitte der siebziger Jahre gibt es nicht nur eine Ständige Vertretung der Bundesrepublik Deutschland in Ost-Berlin, sondern auch eine Vielzahl akkreditierter Journalisten aus der westlichen Welt. Nun bekommen auch kritische Stimmen die Öffentlichkeit, die ihnen bis dahin vorenthalten worden war. Es läßt sich danach so leicht nichts mehr unbemerkt unter den DDR-Teppich kehren, auch nicht der über Robert Havemann verhängte Hausarrest, den er auf seinem Grundstück in Grünheide absitzen muß. Er weiß um den Sinn dieser Maßnahme, „mich hier rauszuekeln und rauszutreiben, man will mich loswerden", sagt er. „Man will, daß ich auch den Weg der anderen gehe, es vorziehe, meine Zelte abzubrechen und mein Heil im Westen zu suchen... Ich denke gar nicht daran, die DDR zu verlassen, wo man wirklich auf Schritt und Tritt beobachten kann, wie das Regime allen Kredit verliert..." Prophetische Worte. Doch Robert Havemann konnte die ersten Schritte des DDR-Volkes im aufrechten Gang nicht miterleben. Er starb 1982.

Als sich dann die SED gezwungen sieht, zur Unterstützung ihrer Friedenspolitik den Spielraum der Evangelischen Kirche in der DDR zu vergrößern, kam eine neue Komponente in die Auseinandersetzung zwischen kritischen Kräften und den Betonköpfen der DDR-Führung, denn die Kirche bietet Schutz, Versammlungsraum und Podium all jenen, die am kritischen Dialog im Lande interessiert sind. Unter der Losung „Schwerter zu Pflugscharen" tritt die erste massenhafte Opposition der DDR ins Rampenlicht. Obwohl die orthodoxen Kräfte in der SED mit Verboten dagegen vorzugehen suchen, wird vor aller Augen deutlich, daß die absolute Macht an ihre Grenzen gekommen ist. Nichts läßt sich mehr zurücknehmen, keine Uhr mehr zurückstellen.

Die Erfolge der neuen polnischen Gewerkschaft „Solidarność" im Jahre 1980 beunruhigen auch die SED-Führung. Im Verhältnis zur Bundesrepublik Deutschland geht sie auf Distanz, im eigenen Land schickt sie fleißig Emissäre aus, die unter den Arbeitern um gut Wetter bitten sollen. Wenngleich es in der DDR zu keiner größeren Unterstützung und Solidarisierung mit der neuen polnischen Gewerkschaftsbewegung kommt, bleibt doch niemandem verborgen, in welch kurzer Zeit die staatliche Einheitsgewerkschaft im Nachbarland wie ein Kartenhaus in sich zusammenstürzt. Und viele werden geahnt haben, daß auch in der DDR so manches auf tönernen Füßen steht – wie es sich dann im neunundachtziger Herbst zeigen sollte.

Schwerlich läßt sich behaupten, die Republikflucht sei Teil des Widerstandes in der DDR gewesen. Und doch gehört diese Bewegung in die Geschichte des Widerstandes, denn sie blieb nie ohne Rückwirkung auf das allgemeine Geschehen in der DDR. Allzu deutlich war sie sichtbarer Ausdruck des allgemeinen Unwillens und der Staatsverdrossenheit. Spricht man vom Werden und Wachsen der Zivilcourage, dann müssen unbedingt jene Unbekannten erwähnt werden, die nicht mehr bereit waren, das Land heimlich und unter großer Gefahr für Leib und Leben zu verlassen. Ihnen sollte in der DDR ein Denkmal errichtet werden. Sie haben den Mut aufgebracht, bei den zuständigen, genauer gesagt bei den nicht zuständigen Behörden einen Antrag auf Ausreise in ein Land ihrer Wahl zu stellen. Sie wußten, daß schon die Formulierung eines solchen Antrags strafbar war. Sie wußten, daß sie vor Gericht gestellt und zu Freiheitsstrafen verurteilt werden würden. Und doch ließen sie sich nicht abhalten, ihr Menschenrecht auf freie Wahl des Wohnsitzes einzufordern. Die Motive des einzelnen für die Ausreise aus der DDR spielen in diesem Zusammenhang keine Rolle.

Obwohl es viele Jahre dauerte, bis sich die Schikanen gegen diese Antragsteller merklich milderten, wuchs deren Zahl rasch an. Die SED-Führung hat mit immer neuen Tricks versucht, das Loch im Damm zu stopfen, aber es wurde breiter und breiter, bis zuletzt von einem Damm gar nicht mehr die Rede sein konnte. Erst dann entschloß sie sich zur allgemeinen Öffnung der Grenzen – um nicht selber gänzlich davongeschwemmt zu werden.

In ihrer Verzweiflung haben die zur Ausreise Entschlossenen viel Ausdauer, ja Sturheit, und auch viel Phantasie entwickeln müssen, um an ihr Ziel zu gelangen. Ihre verschiedenartigen Protestaktionen wurden zur hohen Schule für alle heute existierenden oppositionellen Gruppen. An dieser Feststellung ändert auch die Tatsache nichts, daß die Ausreisewilligen später so manche Demonstration arg belasteten, weil ihr Ausreiseverlangen geeignet war, die Forderungen nach Veränderungen in der DDR zu diskreditieren. Daß sich die Sprechchöre von „Wir wollen raus!" in ein „Wir bleiben hier!" und „Wir sind das Volk!" wandeln konnten, hatte den massenhaften Ausreisewunsch als Voraussetzung. Man sollte das nie vergessen. Und ohne die „Völkerwanderung“ aus der DDR via Prag und Budapest in Richtung Westen hätte die Wende im Lande wohl noch eine Weile auf sich warten lassen. Die Honecker, Hager, Mielke und Konsorten sind nicht nur von den Dagebliebenen, sondern auch von den Geflohenen zum Rücktritt gezwungen worden. Sie haben der „Abstimmung mit den Füßen“ nicht standgehalten. Womit nicht gesagt sein soll, die Aktionen der unterschiedlichsten oppositionellen Gruppen wären ohne Wert gewesen. Ganz im Gegenteil, brachten sie doch eine gänzlich neue Qualität aktiven Widerstehens auf die politische Bühne der DDR. Nur hatten ihnen eben die Weggeher das Beispiel gegeben und auch die Bresche geschlagen für massenweises Handeln. Vorher hatte sich Protest fast ausschließlich über Einzelpersönlichkeiten aus dem Lager der Intelligenz artikuliert. In diesem Zusammenhang sind vor allem die Namen von Christa Wolf, Stefan Heym und Christoph Hein auf die Liste der geistigen Wegbereiter der „November-Revolution“ zu setzen. Einen organisierten Widerstand in Gruppen jedoch gab es nicht, und wenn es ihn gab, war er von kurzer Dauer, weil es für die Staatssicherheit ein leichtes war, ihn wegen des fehlenden Rückhalts im Volke zu zerschlagen. Weil die Auswanderer „nichts mehr zu verlieren hatten als ihre Ketten“ brachten sie den Mut und die Entschlossenheit auf, sich offen gegen Polizei und Staatssicherheit zu stellen.

Anfang der achtziger Jahre begannen allerorten, meist im verborgenen und im Schoße der Evangelischen Kirche, kleine Gruppen und Grüppchen zu wachsen, die zunächst nichts weiter taten, als sich im Dialog zu üben, weil der, angesichts der allgemeinen Sprachlosigkeit, weder in der Schule noch in der Freien Deutschen Jugend oder im elterlichen Haus zu führen und gleich gar nicht zu erlernen war. Sprache ist aber die Voraussetzung für Denken und für aktiven Protest. Untergrundzeitungen, unter vielen Schwierigkeiten vervielfältigt, entstanden und ermöglichten einen Gedankenaustausch über die einzelne Gruppe hinaus. Die Umweltbibliothek in der Berliner Zionskirche wird zu einem wichtigen Zentrum oppositioneller Kräfte, überall im Lande mausern sich die Gesprächskreise zu aktiven Gruppen, die sich für eine demokratischere Verfassung, mehr Rechtssicherheit, Abrüstung, Wehrdienstverweigerung, Wehrersatzdienst und eine saubere Umwelt einsetzen. Die Teilnehmer an Friedensgebeten gehen schon bald in die Tausende.

Im Dezember 1987 gelingt es den Sicherheitskräften noch, eine Demonstration der Berliner „Initiative für Frieden und Menschenrechte“ zu verhindern. Doch am 17. Januar 1988 werden die Staatsschützer von der Teilnahme dieser Gruppe an der alljährlichen „Kampfdemonstration“ zum Gedenken an Karl Liebknecht und Rosa Luxemburg überrascht. Greiftrupps stürzen sich auf die Träger von handgemalten Plakaten mit dem Luxemburg-Zitat, wonach Freiheit immer die Freiheit des Andersdenkenden voraussetzt. Rund hundert Mitglieder von Friedens- und Menschenrechtsgruppen werden verhaftet, unter ihnen der Liedermacher Stefan Krawczyk. Im Morgengrauen des nächsten Tages erfolgt die Verhaftung der Regisseurin

Freya Klier, des Theaterdekorateurs Werner Fischer, der Malerin Bärbel Bohley, des Geisteswissenschaftlers Wolfgang Templin und des Schlossers und Kirchenmitarbeiters Ralf Hirsch. Allabendlich finden darauf in den Berliner Kirchen Fürbittgottesdienste statt. Freya Klier und Stefan Krawczyk entscheiden sich hinter Gefängnismauern für die Ausreise nach Westdeutschland. Anfang Februar werden auch die anderen Inhaftierten in den Westen entlassen. Bärbel Bohley und Werner Fischer verlangen und bekommen die Garantie auf Rückkehr nach einem halben Jahr. Sie sind dann auch Initiatoren bei der Gründung des „Neuen Forum“, der zur Zeit größten oppositionellen Gruppierung, weshalb es durchaus legitim ist, auch Rosa Luxemburg den geistigen Wegbereitern der „November-Revolution 1989“ zuzurechnen.

Die Geschichte des Widerstandes wäre unvollständig ohne die Erwähnung der Rockgruppen und Liedermacher, die mit Wort und Musik dem kritischen Denken und Fühlen vor allem der Jugend Ausdruck gaben. In der DDR waren weder die Literatur noch die Rockmusik ein Luxus – sie waren lebensnotwendig. Und wenn die Gruppe „Pankow“ intonierte: „Zu lang die alten Männer verehrt“, dann klang das fast schon wie ein Signal zum Aufstand.

In Dresden und Leipzig erwächst dem Widerstand die Tradition des massenhaften Friedensgebets. Und die Demonstration am Montagabend, die sich in Leipzig regelmäßig an den Friedensgottesdienst anschließt, erzwingt schließlich den Dialog mit den Herrschenden. Durch massenhafte Demonstrationen in fast allen größeren Städten sieht sich die SED-Führung zu entscheidenden Reformen gezwungen. Die bisherigen Machtinhaber werden vom Volk schneller zum Rücktritt getreten, als sie selber zurücktreten können. Das neue Politbüro erklärt, auf den verfassungsmäßig garantierten Führungsanspruch der SED zu verzichten. Heute steht die DDR am Anfang eines schweren Weges – in eine Zukunft, der Demokratie nicht länger fremd ist.

Bleibt zum Schluß nur noch zu konstatieren, die „November-Revolution“ in der DDR von 1989 hätte es kaum gegeben, wäre da nicht 1985 im Kreml ein Mann namens Michail Gorbatschow an die Macht gekommen. Er hat den entscheidenden Impuls für die grundlegende Wandlung in den Staaten des real-existierenden Sozialismus gegeben. Er war und ist das verkörperte „Prinzip Hoffnung“. Als ihm die DDR-Bürger bei seinem Besuch aus Anlaß des 40. Jahrestages der DDR zuriefen: „Gorbi, hilf!“, hat er ihnen nur leicht verblümt geantwortet, daß es besser wäre, sich selber zu helfen. Ihm gebührt unter den Vätern dieser Revolution deshalb ein besonderer Platz.

Wie es dazu kam

Eine Fotochronik

Ende
des
z. Sektors

45 Kilometer und 78 Tote

Das häßlichste Bauwerk der Nachkriegszeit, die Berliner Mauer, wenige Monate nach ihrem Bau. Am 13. August 1961 errichten sie DDR-Bautrupps unter der Leitung des späteren Staatsratsvorsitzenden Erich Honecker – 45,1 Kilometer lang, quer durch die ehemalige deutsche Hauptstadt. Seitdem sind nicht nur die Westsektoren vom Ostteil Berlins abgetrennt, sondern auch gewachsene Stadtviertel zerschnitten und Straßenzüge in eine östliche und westliche Hälfte aufgeteilt. Mit dem Mauerbau und der gleichzeitigen Befestigung der innerdeutschen Grenze durch Stahlgitterzäune, Minenfelder, Hundelaufanlagen und Sperrgebiete stoppt die DDR die Massenflucht ihrer Bürger, die Anfang der sechziger Jahre ähnliche Ausmaße angenommen hatte wie im Sommer und Frühherbst 1989. 28 Jahre lang ist die Mauer ein Symbol der Unfreiheit. 28 Jahre lang herrscht entlang des Sperrwerks mit seinen bewaffneten Wächtern Kriegszustand. Auf Deutsche, die ohne Visa von einem Teil der Stadt in den anderen wollen, wird geschossen. 78 Menschen kostet die Mauer das Leben, 111 weitere sterben bei dem Versuch, die innerdeutsche Grenze zwischen Lübeck und Hof zu überwinden.

Parole: Immer nur lächeln

Hermann Axen, Erich Honecker, Egon Krenz und Günter Jahn beim frohen Jugendleben auf dem IX. Parlament der Freien Deutschen Jugend im Jahre 1971. Alle vier begannen sie ihre Nachkriegskarriere in der Jugendorganisation. Jahn, Krenz und Honekker waren Erste Sekretäre des FDJ-Zentralrats. Wie Honecker sollte auch Jahn als Kronprinz aufgebaut werden, er scheiterte jedoch am Alkohol. Auf einer Staatsvisite in Vietnam fiel er derart aus der Rolle, daß die vietnamesischen Genossen beim Politbüro Beschwerde einlegten. Jahn mußte als Bezirkssekretär von Potsdam in die Provinz. Krenz rückte im Politbüro an seine Stelle. Honecker und Axen, der Chefaußenpolitiker der SED, scheiterten am Volk. Krenz wurde Honeckers Nachfolger.

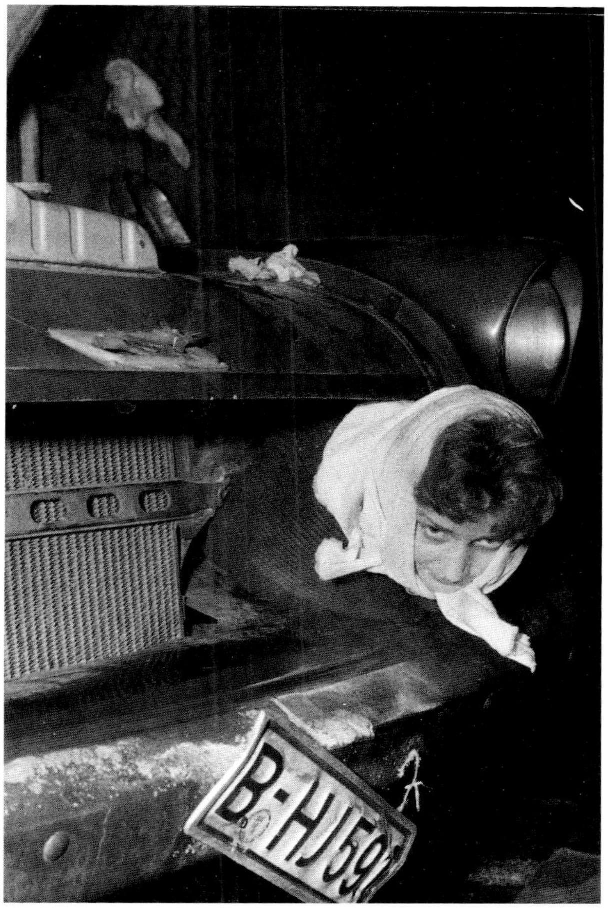

Raus aus der DDR – um jeden Preis

Heimlich in den Westen – für viele DDR-Bürger war Flucht unter Lebensgefahr die einzige Möglichkeit, ihrer Staatsgewalt zu entrinnen. Sie kamen durch Tunnel unter der Mauer, in Personenwagen versteckt oder in Transportbehälter eingeschlossen über die scharf bewachte Grenze. Die spektakulärste Flucht gelang im September 1979 zwei Familien mit Kindern, die in einem Heißluftballon von Thüringen nach Bayern schwebten. Wie viele Menschen bei Fluchtversuchen von den Grenzwachen abgefangen und verhaftet wurden, ist nicht mit Sicherheit zu ermitteln. Es dürften mehrere tausend sein.

BUNDESREPUBLIK DEUTSCHLAND
STÄNDIGE VERTRETUNG

Eine Schleuse in die Freiheit

Am 2. Mai 1974 wurde die „Ständige Vertretung“ der Bundesrepublik Deutschland in Ost-Berlin eröffnet. Das Haus an der Hannoverschen Straße ist seitdem für viele DDR-Bürger eine Hütte der Hoffnung gewesen — und für viele wurde es zu einer wichtigen Durchgangsstation bei der Übersiedlung in den Westen. Seit im Januar 1984 eine Gruppe von fünfzig DDR-Bürgern die Bonner Vertretung besetzte, konnte ein derartiger „Besuch“ die Übersiedlung zumindest beschleunigen. Die DDR sicherte den ausreisewilligen Bürgern Straffreiheit zu und ließ sie nach einer Schamfrist in den Westen ziehen. Um den Besucherstrom zu stoppen, postierten die Behörden Vopos vor dem Gebäude und ließen die Personalien der Besucher festhalten. Wie viele DDR-Bürger mit Hilfe der bundesdeutschen Vertretung ihre Ausreise erzwangen, ist nicht bekannt. Unser Foto entstand am 26. Juni 1984 und zeigt ausreisewillige DDR-Bürger in der Eingangstür der „Ständigen Vertretung“.

Luxus gibt es nur gegen Devisen

Käuferschlangen vor den Devisenläden „Intershop" sind selten. Westgeld im Überfluß hat niemand. Das Foto stammt aus dem Jahre 1978, als bekannt wurde, daß DDR-Bürger ihre Valuta-Mark künftig in sogenannte „Forum-Schecks" umtauschen müssen, wenn sie damit Westwaren in den „Intershop"-Läden kaufen wollen. Die DDR ist seit langem eine Zwei-Klassen-Gesellschaft. Wer Verwandte im Westen hat, hat auch D-Mark und kann sich dafür all das kaufen, was es in den staatlichen Läden nicht gibt. Wer keine D-Mark hat, leistete sich vor der Öffnung der Grenze ab und zu den Luxus, in einen „Intershop" hineinzugehen und tief einzuatmen, weil es dort nämlich „so gut nach Westseife riecht". Heute atmet er den Duft original auf dem Ku'damm. „Westmäuse" allerdings haben nach wie vor nur wenige.

intershop

Wer in Leipzig lebt, stirbt früher

Die DDR lebt von ihrer Braunkohle und deren Veredelung, wie hier im Leipziger Industriegebiet. Smog, Flugasche und schwefelige Gase verpesten die Luft. Die Braunkohlen-Schwelerei im Kombinat Espenhain zählt zu den großen Dreckschleudern in Sachsen. Umweltdaten waren bislang „geheime Verschlußsache". Die Lebenserwartung der Menschen in den Industriegebieten sinkt. Die Wälder sterben. Werra und Elbe verkommen zu stinkenden Kloaken. Für Rauch- und Abgasfilter, moderne Kläranlagen und Katalysatoren fehlen die Devisen. Doch Hans Modrow, der neue Ministerpräsident der DDR, signalisierte die Bereitschaft seiner Regierung, modernste Umwelttechnik aus dem Westen zu importieren. Und – so beschloß der Ministerrat – Umweltdaten dürfen ab sofort veröffentlicht werden. Seitdem wissen die DDR-Bürger zumindest, wovon ihnen schlecht wird.

Schwerter zu Pflugscharen – der erste Massenprotest

Am 13. Februar 1982 fand in der Dresdner Kreuzkirche das erste Friedensforum der Evangelischen Kirche der DDR statt. Die Führung der SED hatte sich für ihre außenpolitische Abrüstungsoffensive die Unterstützung der Kirche gesichert – und deshalb auch deren innenpolitischen Spielraum erweitert. Mit dem Bibel-Zitat „Schwerter zu Pflugscharen" bekannten sich viele Jugendliche zur Friedensbewegung. Als das Emblem an der Kleidung von immer mehr jungen Menschen auftauchte, griff die SED ein. Sie fürchtete eine „Minderung des Wehrwillens". Polizei auf der Straße und Lehrer in den Schulen konfiszierten das pazifistische Emblem. Dennoch konnten sie nicht verhindern, daß Friedensforen und Friedensgebete den Charakter von Massenveranstaltungen bekamen. Heute wird der Evangelischen Kirche für ihren Anteil am Zustandekommen der Wende öffentlich gedankt.

National-Zeitung
Beratung Erich Honeckers mit den Vorsitzenden der befreundeten Parteien und dem Präsidenten des Nationalrates der Nationalen Front der DDR
Im bewährten Miteinander für starken Sozialismus und sicheren Frieden
Junge Welt
Alles zum Wohl des Volkes der DDR, für seine friedliche Zukunft
ZK der SED trat zu 5. Tagung zusammen
EIPZIGER VOLKSZEITUNG
KOMMUNIQUÉ der 5. Tagung des Zentralkomitees der SED
Auch Duisburg droht ein sozialer Zusammenbruch, wenn Rheinhausen stirbt
e Stärkung des Sozialismus tscheidend für den Frieden
„Nachrüstung" gegen den Vertragsgeist gerichtet
ORGAN DER DEMOKRATISCHEN BAUERNPARTEI DE
BAUERN-EC
Weiterhin alles zum Wohle des
Im bewährten Miteinander für starken Sozialismus und sicheren Frieden
FREIE ERDE
KOMMUNIQUÉ
Alles zum Wohle des Volkes der DDR, für seine friedliche Zukunft
Zentralorgan der Christlich-Demokratischen Union Deutschlands
NEUE Z
In bewährtem Miteinander für starken Sozialismus und sicheren Frieden

In Reih und Glied – uniformierte Presse

„Im bewährten Miteinander" im Kiosk am Berliner Alex. Die Zeitungen der DDR, hier das Angebot vom 18. Dezember 1987, sind schwer lesbar und im politischen Teil kaum voneinander zu unterscheiden. Sogar die Schlagzeilen sind identisch. Die Chefredakteure bekamen entsprechende Weisung vom Politbüro. Diese Fernsteuerung betraf auch die Blätter der sogenannten Blockparteien und Massenorganisationen: „Der Morgen" (Liberaldemokratische Partei), „National-Zeitung" (Nationaldemokratische Partei), „Bauern-Echo" (Demokratische Bauernpartei), „Neue Zeit" (Christlich Demokratische Union), „Junge Welt" (Freie Deutsche Jugend). Die „Leipziger Volkszeitung", „Freie Erde" und „Märkische Volksstimme" sind Organe der jeweiligen SED-Bezirksleitung.

Revolution von oben – Revolution von unten

Fast vierzig Jahre lang waren die russischen Soldaten in der DDR Zielscheibe von Witz und Spott – als ungeliebte Besatzer. Mit dem Amtsantritt von Michail Gorbatschow im Jahre 1985 änderte sich das. Die Sowjetrevolution von oben, der Umbau der russischen Gesellschaft („Perestrojka“) schürte auch in der DDR die Hoffnung auf die fälligen Veränderungen. Doch anders als in der UdSSR begann in Ost-Berlin, in Leipzig und Dresden die Revolution nicht in den Amtsstuben der Macht, sondern auf der Straße. Parolen wie „Brüderbund DDR-UdSSR – Garant unserer Erfolge“ bekamen plötzlich eine ganz andere Bedeutung: Die Sowjetunion wurde zum Vorbild, das Mut machte. Immer wieder war in den Städten und Dörfern während der dramatischen Wochen vor der Volkserhebung die Bewunderung für die Russen zu hören. Das alte Feindbild verschwand – die in der DDR stationierten russischen Soldaten wurden als Freunde gesehen. Solange sie in der DDR standen, waren sie ein Gegengewicht gegen die von der Staatsführung dirigierte „Nationale Volksarmee“.

Symbol des Fortschritts: der Trabant 601 S

Lust und Not der DDR zeigt das volkseigene Wohlstandsmobil, der „Trabbi". Als in den sechziger Jahren die DDR ihr kleines Wirtschaftswunder erlebte, nahm die Motorisierung kräftig zu. Heute fahren mehr als 3,5 Millionen Pkw auf den Straßen des Landes. Doch die automobilistische Versorgung ist nicht ohne Probleme: Zwölf Jahre Wartezeit und der horrende Kaufpreis von mehr als 12.000 Mark trüben die Freude der Bürger. Erst wenn ein neuer Wagen verfügbar ist, werden die alten Trabbis zum Exklusivpreis verhökert. Dann übertrifft der Erlös aus dem Altwagen den Kaufpreis für den neuen oftmals um ein paar tausend Mark. Problematisch ist auch die Wartung der Autos: Wer eine Reparaturwerkstatt braucht, muß mit Wartezeiten von sechs Monaten rechnen — im privaten und volkseigenen Handwerk geht es leider nicht schneller. Da hilft allenfalls die Firma „Do it yourself" oder die Beziehung zum guten Nachbarn. Für junge Leute, die den Führerschein erwerben wollen, gelten bei den Fahrschulen Wartezeiten von sechs Jahren: eine Provokation für jeden Jugendlichen, für den das Auto — nicht anders als im Westen — ein Symbol der Freiheit ist.

Die Kirche gründet die Friedensbewegung

Die machtvolle Friedensbewegung in den westlichen Ländern ist Vorbild für die erste „Berliner Friedenswerkstatt“ in der Erlöserkirche in Ost-Berlin. Pfarrer Rainer Eppelmann organisiert das Treffen im Juni 1982, nachdem die Kirchenleitung von Berlin-Brandenburg und das Ostberliner Stadtjugendpfarramt zu dieser Veranstaltung aufgerufen haben. Mehr als 3000 Menschen treffen sich zum Gottesdienst, zu Meditationsstunden und in Diskussionszirkeln. Die Arbeitsgruppen treten für „Gewaltlosigkeit“ und gegen die „Vorherrschaft militärischen Sicherheitsdenkens“ ein. Schon Anfang des Jahres hatte Eppelmann mit dem Appell „Frieden schaffen ohne Waffen“ für Aufsehen gesorgt. Die Teilnehmer an der „Friedenswerkstatt“, unter ihnen der Schriftsteller Stefan Heym, parodieren mit ihren Gesten die alte chinesische Spruchweisheit „nichts hören, nichts sehen, nichts sagen“.

Auch die Mode macht mobil

Graue Stoffe und fade Schnitte gehörten lange zum äußeren Bild der DDR-Bürger. Seit Beginn der achtziger Jahre änderte sich dies: Da die DDR Wäsche und Kleidung in großem Umfang in den Westen liefert, wird auch das Design anspruchsvoller. Für West-Gäste veranstaltet das „Kombinat Trikotagen" in Oberlungwitz am 18. Dezember 1985 eine Modenschau. „Weltniveau" hat der DDR-Chic gewiß noch nicht – die Unsicherheit der Models bei ihrem Auftritt zeigt es. Dennoch beginnt auch in der DDR mit Punk-Mode und zaghafter Farbenpracht eine neue Ära. Daß die besten Textilwaren in den Westen gehen, vergrätzt allerdings viele DDR-Bürger.

centrator
TAXIRUF
812

Flippige Typen – auch im Sozialismus

Als die ersten Punks im DDR-Alltag auftauchten, waren sie viel bewunderte Exoten. Es gehörte Mut dazu, im streng reglementierten Stadtleben den Outlaw zu spielen. Doch die Jugendlichen kümmerten sich nicht um die Vorurteile der anderen – sie provozierten, weil es Spaß machte. Ihre Unbekümmertheit veränderte auch die Stimmung der Bevölkerung: Die flippigen Typen waren für die meisten DDR-Bürger skurrile Blüten des Zeitgeists, doch ihr Mut zum Anderssein war ein deutliches Indiz für Ungehorsam. Ihre farbenfrohen Klamotten und ihr herausforderndes Auftreten schienen auch die Macht der Staatsgewalt zu relativieren. In Dresden reagieren im Sommer 1987 Volkspolizisten auf die Herausforderung mit einer ungewöhnlichen Waffe – sie lachen.

Im Laufschritt durch die erste Tür im Eisernen Vorhang

Mehr als sechshundert DDR-Bürger stürmen durch das erste Tor im Grenzzaun, als ungarische Soldaten am 19. August 1989 den Drahtverhau öffnen. Sie machen den Weg frei für ein Verbrüderungsfest zwischen den Menschen im ungarischen Sopron und im österreichischen Mörbisch am Neusiedler See. Die nach Westen hin offene Grenze löst in der DDR eine große Fluchtwelle aus. Als Ost-Berlin die Reisemöglichkeiten nach Ungarn beschneidet, flüchten immer mehr DDR-Bürger in die Bonner Botschaften in Prag und Warschau. Auch sie dürfen in die Bundesrepublik ausreisen. Die Fluchtwelle ist nicht mehr zu stoppen – erster Vorbote der November-Revolution.

Verhaftung nach dem Gebet

Der 11. September 1989 wird zum markanten Datum für die Geschichte der DDR. An diesem Tag wird in Leipzig als erste oppositionelle Gruppe das „Neue Forum" gegründet. An diesem Tag öffnet Ungarn endgültig seine Grenzen nach Westen und durchlöchert damit auch den „antiimperialistischen Schutzwall" und die Grenzbefestigungen der DDR. Und an diesem Tag treffen sich — wie an jedem Montag — die Leipziger in der Nicolaikirche zu ihrem allwöchentlichen Friedensgebet. Um die Opposition einzuschüchtern, verhaftet die Volkspolizei nach der Veranstaltung mehr als 70 Bürger. Unser Foto (r.)zeigt das Polizeiaufgebot vor der Kirche. Ein junger Mann, der an dem Friedensgebet teilgenommen hat, wird unter Gewaltanwendung abgeführt. Noch beherrschen Militär und Stasi die Straße: Protestierenden Bürgern werden die Transparente in den Händen zerrissen, schwer bewachte Absperrungen behindern die Demonstranten bei der Bildung von Protestzügen.

Mieten sind niedrig, Wohnungen knapp

Betonblöcke in einem Ostberliner Neubauviertel. Das Ambiente trostlos, die Wohnungen heiß begehrt. Das Wohnungsproblem sollte im Jahre 1990 gelöst sein, hatte Erich Honecker verkündet. Nun stellt sich heraus, daß dieses Versprechen nicht zu halten ist. Überall fehlt es an Bauarbeitern, Baumaschinen und Material. Altbauten verfallen, und auch die Neubauten zeigen schon kurz nach Fertigstellung erste Risse und bröckelnden Putz. Auch wer sich sein Eigenheim selber hochzieht, muß lange auf Baustoffe warten. Für die Privaten gibt es Zement oft nur im „Intershop" gegen harte Devisen. Nach wie vor müssen viele DDR-Bürger viele Jahre auf eine Wohnung hoffen. Und wenn ein Ehepaar mit einem Kind endlich zwei Zimmer, Küche, Bad zugewiesen bekommen hat, gilt es in der Sprache der Behörden als „endversorgt".

Der Volkszorn legt die Lunte

Dramatische Stunden in Dresden: In der Nacht des 4. Oktober passieren acht Sonderzüge der Reichsbahn den Dresdner Hauptbahnhof. In den Waggons sitzen DDR-Bürger, die in die bundesdeutsche Botschaft in Prag geflüchtet waren und nun über DDR-Territorium in den Westen ausgefahren werden. Die Fahrtroute hat Erich Honecker persönlich angeordnet. In der Elb-Metropole spricht sich die Nachricht in Windeseile herum. Am späten Abend versammeln sich mehr als 5000 Dresdner am Bahnhof – manch einer in der Absicht, auf einen der Züge aufzuspringen. Einigen wenigen gelingt auf diese Weise die Flucht. Als die Volkspolizei versucht, das Bahnhofsgelände abzuriegeln, kommt es zu einer Straßenschlacht. Empörte Demonstranten stürzen Autos um und setzen einen Polizeiwagen in Brand. Dies ist der erste Ausbruch von Gewalt – und ein Schock für die Staatsmacht. Die DDR treibt auf einen Bürgerkrieg zu.

Honecker zum letzten Male auf der Tribüne

„Es ist fünf vor zwölf, Erich!“ scheint Michail Gorbatschow dem Staatsratsvorsitzenden mahnend zuzurufen. Der Schnappschuß entstand am 7. Oktober während der Militärparade zum 40. Jahrestag der DDR. Honecker hatte dem Besuch des sowjetischen Generalsekretärs mit Sorge entgegengesehen — er fürchtete Beifallsbekundungen seines Staatsvolkes für den Erfinder von Glasnost und Perestrojka. „Gorbi hilf!“ riefen dann auch DDR-Bürger. Gorbatschow blieb gelassen, denn zu diesem Zeitpunkt war die Ablösung Honeckers bereits beschlossene Sache. „Wer zurückbleibt, den bestraft das Leben“, war sein Kommentar. Kaum war er abgeflogen, schlugen in Berlin Angehörige des Staatssicherheitsdienstes und der Volkspolizei brutal auf Demonstranten ein. Man hatte ihnen beigebracht, im Volk auf der Straße die Konterrevolution zu sehen.

Statt Jubel gibt es Proteste – 40 Jahre DDR

Zwei junge Männer demonstrieren am 7. Oktober 1989, dem vierzigsten Jahrestag der DDR-Gründung, für die oppositionelle Gruppe „Neues Forum". Während gegenüber im „Palast der Republik" die offiziellen Feierlichkeiten stattfinden, wird der Protest auf der Straße immer nachdrücklicher. Am Abend versuchen Polizei und Staatssicherheit noch einmal, die alte Ordnung mit dem Gummiknüppel zu verteidigen.

NEUES

Prag – durch die Hintertür in die Freiheit

Am 27. Oktober hebt Ost-Berlin die kurz zuvor verhängte Visa-Pflicht für DDR-Bürger, die in die Tschechoslowakei reisen wollen, wieder auf. Die Bonner Botschaft in Prag, die schon im August von Tausenden von DDR-Flüchtlingen besetzt war, wird erneut von Übersiedlern überrannt: Allein am ersten Tag treffen mehr als 1400 ein, meist junge Menschen mit Kleinkindern. Am dritten sind es weit über 6000. Obwohl das Rote Kreuz sogar im Botschaftspark eilig Zelte aufschlägt, finden nicht alle einen Schlafplatz. Die Nächte im Park sind bitter kalt. Die Ärzte warnen vor Seuchengefahr. Der Druck auf Bonn und Ost-Berlin wächst. Dann, am Freitagabend, dem 29. Oktober, kurz nach 22 Uhr, kommt die erlösende Nachricht: Ab sofort dürfen alle DDR-Bürger legal aus der CSSR in die Bundesrepublik ausreisen. Während die ersten am Samstagmorgen zu den Sonderzügen strömen, klettern hinter der Botschaft noch immer Dutzende angstvoll über den Zaun. Andere basteln aus ihren Hausschlüsseln eine zweieinhalb Meter lange, 35 Kilo schwere Kette. Die wollen sie Egon Krenz zum Andenken schicken – per Nachnahme.

Sie kommen zu Fuß, im Auto und im Kinderwagen

Samstagmorgen, 30. Oktober: Um 8 Uhr rollt der erste Sonderzug mit Botschafts-Flüchtlingen vom Prager Bahnhof Liben Richtung Bayern. Die Reinmache-Frau und der Bahnpolizist auf Perron 1 können ihr Glück gar nicht fassen: Im Freudentaumel über die unverhoffte Ausreise werfen die ersten 1200 ostdeutschen Passagiere händevoll DDR-Mark, „Alu-Chips", auf den Bahnsteig. Allein der Polizist klaubt in knapp zehn Minuten den Gegenwert von 7000 tschechischen Kronen zusammen – zwei Monatsgehälter. „Deutschland, Deutschland" hallt es aus den Abteilfenstern, als der Zug im bayerischen Hof eintrifft, jubelnd begrüßt von einer tausendköpfigen Menge. Auch die anderen Botschafts-Besetzer erreichen problemlos die neue Heimat, Hunderte von ihnen sogar mit dem eigenen Auto. Als sich in der DDR herumspricht, daß jeder mit einem gültigen Personalausweis die Grenze nach Bayern passieren kann, bilden sich vor dem Grenzort Schirnding tagelang kilometerlange Warteschlangen. Tausende kommen per Bus, sogar per Taxi. Daß sie vom tschechischen Grenzort Pomezi noch gut fünf Kilometer bis nach Schirnding laufen müssen, in eisiger Kälte, stört sie nicht. „Freiheit", sagt eine junge Mutter mit zwei Kleinkindern, „muß man sich erlaufen. Ich will nur raus, raus, raus . . .!"

Das Volk sagt, was es denkt

Am 4. November 1989 versammeln sich mehr als eine Million Menschen auf dem Alexanderplatz in Berlin, Hauptstadt der Deutschen Demokratischen Republik. Sie fordern „Freie Presse für freie Menschen“, freie Wahlen und „Demokratie krenzenlos“. Die Kundgebung geht über viele Stunden. Dies ist die größte Demonstration in der Geschichte der DDR. Einberufen wurde sie von Berliner Theaterschaffenden. Die Ordner tragen Schärpen mit der Aufschrift: „Keine Gewalt“. Neben Vertretern oppositioneller Gruppen tritt auch das Politbüromitglied Schabowski, damals noch SED-Chef von Berlin, vor das Mikrofon. Er hat Mühe, seine Rede zu Ende zu bringen. Die Massen pfeifen ihn aus. Der SED wird drastisch vor Augen geführt, daß sie sich entweder grundlegend wandeln oder abtreten muß.

KRIMINALISIER

Die Wahrheit auf Leipzigs Straßen

Vor brennenden Kerzen wird in Leipzig die Wahrheit ausgebreitet – direkt am Haus der Staatssicherheit. Mit einem Transparent protestieren Bürger am 6. November gegen die Fälschung von Wahlergebnissen. Bei den Kommunalwahlen im Frühjahr 1989 hatten viele oppositionelle Gruppen Beobachter in die Wahllokale der „Nationalen Front" entsandt. Dort zählten sie fleißig die erheblich gestiegene Zahl der Nein-Stimmen mit. Als Egon Krenz, damals oberster Wahlleiter der Republik, ein Ergebnis von 98,85 Prozent Ja-Stimmen bekanntgab und von einem „eindrucksvollen Votum für die Kandidaten der Nationalen Front" sprach, erhob sich lautstarker Protest, der bis heute nicht verstummt ist. Die Leipziger rufen: „Wer Wahlen fälscht, dem glaubt man nicht." Die Stimmenauszählung war in der DDR immer manipuliert, denn die örtlichen Wahlleiter werteten Wahlzettel nur dann als Nein-Stimmen, wenn sämtliche Kandidaten-Namen durchgestrichen waren. Bis zum Frühjahr hatte die DDR-Bevölkerung solche Wahlfarcen geduldig hingenommen.

betrügen
Gericht

Leipzig ist die Hauptstadt der Revolution

Der DDR-Dramatiker Christoph Hein fordert für die Metropole Sachsens den Titel „Heldenstadt". Die Leipziger waren und sind es, die Montag für Montag im Anschluß an das traditionelle Friedensgebet in der Nicolai-Kirche auf dem Ring demonstrieren. Unser Foto zeigt den Massenprotest vom 6. November – vier Tage vor Öffnung der Grenzen. Bis zur Ablösung Honeckers war Leipzigs Innenstadt an jedem Montag für alle Journalisten verbotenes Gelände. Am 9. Oktober standen Armee-Einheiten mit Panzern bereit, der „Konterrevolution" nach Pekinger Beispiel gewaltsam ein Ende zu setzen. Zusammen mit Generalmusikdirektor Kurt Masur, dem Chef des Gewandhausorchesters, verhinderten führende Leipziger SED-Funktionäre die Ausführung des Befehls.

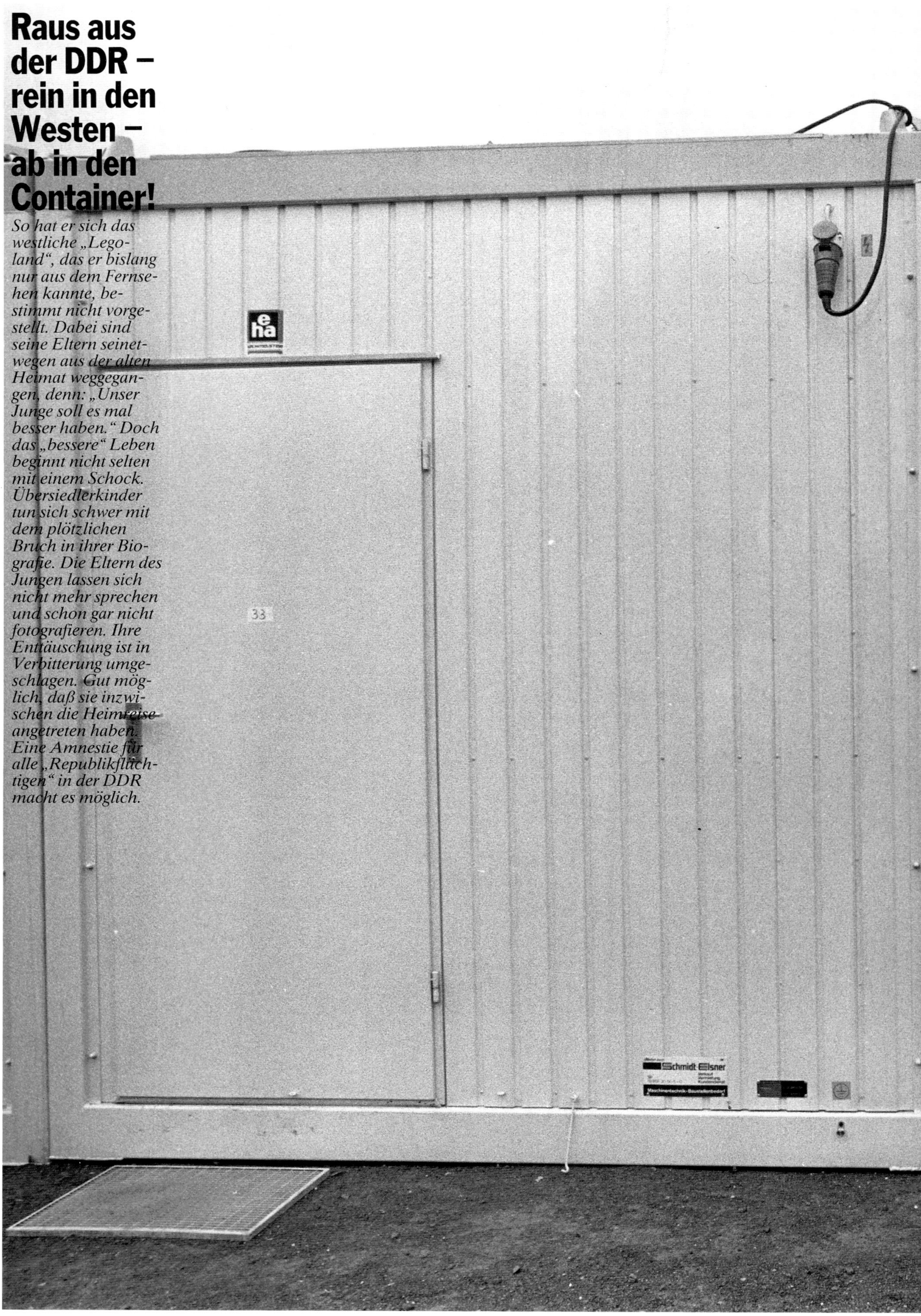

Raus aus der DDR – rein in den Westen – ab in den Container!

So hat er sich das westliche „Legoland“, das er bislang nur aus dem Fernsehen kannte, bestimmt nicht vorgestellt. Dabei sind seine Eltern seinetwegen aus der alten Heimat weggegangen, denn: „Unser Junge soll es mal besser haben.“ Doch das „bessere“ Leben beginnt nicht selten mit einem Schock. Übersiedlerkinder tun sich schwer mit dem plötzlichen Bruch in ihrer Biografie. Die Eltern des Jungen lassen sich nicht mehr sprechen und schon gar nicht fotografieren. Ihre Enttäuschung ist in Verbitterung umgeschlagen. Gut möglich, daß sie inzwischen die Heimreise angetreten haben. Eine Amnestie für alle „Republikflüchtigen“ in der DDR macht es möglich.

e
ha

Ein Mahnmal für die Volks- erhebung

Ein Straßenname als Zeichen des Jubels: In der Nacht, als die Grenzmauer sich öffnete, feiern die Berliner das Ereignis mit einer stillen Demonstration. Mitten auf der „Straße des 17. Juni", an dem Denkmal, das zwischen Siegessäule und Brandenburger Tor steht und mit einer Inschrift an die Volkserhebung vom 17. Juni 1953 erinnert, werden Kerzen angezündet. Ein eilends angefertigtes Straßenschild aus Pappe erklärt die Berliner Prachtallee, die durch das Brandenburger Tor hinüber auf die Straße „Unter den Linden" führt, zur „Straße des 9. November".

Ernst Bloch, 1885 – 1977, Philosoph und Schriftsteller. 1949 erhielt er an der Universität Leipzig den Lehrstuhl für Philosophie, stellte jedoch 1957 auf Druck der SED die Vorlesungen ein. Vier Jahre später übersiedelte er nach Tübingen. In all seinen Schriften war ihm der „aufrechte menschliche Gang“ ein Hauptanliegen.

Robert Havemann, 1910 – 1982, Chemiker und politischer Schriftsteller. 1947 wurde er auf den Lehrstuhl für Physikalische Chemie an der Humboldt-Universität berufen. Obwohl mit Preisen und Orden hochgeehrt, erhielt er Lehrverbot und wurde 1964 aus der SED ausgeschlossen. Seit 1976 stand er unter Hausarrest.

Rudolf Bahro, 54, Schriftsteller. Als SED-Funktionär veröffentlichte er im Westen 1977 „Die Alternative. Zur Kritik des real existierenden Sozialismus“. Er wurde daraufhin verhaftet, zu acht Jahren Zuchthaus verurteilt und 1979 in die Bundesrepublik entlassen. Im November 1989 entschloß er sich, in die DDR zurückzukehren.

Christa Wolf, 60, ist Schriftstellerin. Sie gehörte 1976 zu den Intellektuellen, die gegen die Ausbürgerung Biermanns protestierten. Mehrfach hat sie öffentlich die dogmatische Enge der Partei kritisiert. Ihre Rede bei der Großkundgebung am 4. November auf dem Berliner Alexanderplatz fand weltweit Beachtung.

Steffen Reiche, 29, evangelischer Pfarrer in Christinendorf bei Zossen, ist einer der dreiundvierzig Mitbegründer der Sozialdemokratischen Partei der DDR. Die SDP tritt für eine „ökologisch orientierte soziale Demokratie“ ein, sie will „soziale Marktwirtschaft mit striktem Monopolverbot“, und sie fordert die Anerkennung der DDR-Staatsbürgerschaft durch die Bundesrepublik.

Bärbel Bohley, 44, ist Malerin. Sie war Wortführerin der Gruppe „Frauen für den Frieden“ und wurde mehrfach verhaftet. Ihrer endgültigen Abschiebung in den Westen widersetzte sie sich. Sie gehört zu den Gründungsmitgliedern des „Neuen Forums“, das sich am 11. September 1989 konstituierte.

Stefan Heym, 76, ist Schriftsteller. Er emigrierte 1933 und kam 1945 als amerikanischer Offizier zurück. 1951 ging er in die DDR. Wegen seiner Aufarbeitung der stalinistischen Vergangenheit der SED konnte er schon bald nur noch im Westen veröffentlichen.

Kurt Masur, 62, ist Gewandhauskapellmeister in Leipzig. Zusammen mit zwei hohen SED-Funktionären hat er am 9. Oktober 1989 den Einsatz von militärischer Gewalt gegen Demonstranten in Leipzig verhindert. Später stellte er die Räume des Gewandhauses für den „kritischen Dialog“ zur Verfügung, an dem er selbst maßgeblich beteiligt war.

Die Vordenker des Widerstands

Gottfried Forck, 66, ist Bischof der Evangelischen Kirche von Berlin-Brandenburg. Der streitbare Theologe übte seit Beginn der achtziger Jahre mehrfach Kritik an Staat und Gesellschaft. Vor allem wandte er sich immer wieder gegen die Militarisierung in der DDR. Ihm ist es zu verdanken, daß die Kirche in Berlin ihre Räume für oppositionelle Gruppen zur Verfügung gestellt hat.

Opposition in der DDR:

Die Chronik der Ereignisse

1975

1. August
In Helsinki unterzeichnen 35 Staaten, darunter die DDR, die KSZE-Schlußakte, in der sich die Regierungen zur Einhaltung der Menschenrechte sowie zu mehr Reisefreiheit verpflichten.

1976

25. Juni.
Der Ostberliner Chemie-Professor und Nationalpreisträger der DDR, Robert Havemann, beschuldigt in einem Interview mit der Gewerkschaftszeitschrift „Metall" die DDR, Oppositionelle in Psychiatrische Kliniken eingewiesen zu haben.

18. August.
Der evangelische Pfarrer Brüsewitz verbrennt sich öffentlich in Zeitz aus Protest gegen die Unterdrückung der Kirchen.

16. November.
Dem Liedermacher Wolf Biermann, der sich auf einer Tournee in Köln befindet, wird „das Recht auf weiteren Aufenthalt in der DDR" entzogen. Gegen die Ausbürgerung protestieren in einer Petition an Staats- und Parteichef Erich Honecker u.a. die Schriftsteller Sarah Kirsch, Christa Wolf, Stephan Hermlin, Günter Kunert und Heiner Müller. Auf den wachsenden Protest in der DDR reagiert die Partei- und Staatsführung in den nächsten Monaten mit zunehmender Härte, mit Festnahmen, Verhören, Bespitzelungen und einem massiven Druck auf die Opposition. Zahlreiche Schriftsteller und Künstler verlassen daraufhin die DDR, darunter Günter Kunert, Nina Hagen, ihre Mutter Eva-Maria, Angelica Domröse, Armin Müller-Stahl und Bettina Wegner. In Ost-Berlin geht der Spruch um: „Der letzte löscht das Licht aus."

19. November.
Diakon Thomas Auerbach, Stadtjugendleiter der Evangelischen Kirche in Jena, und 40 weitere Mitglieder eines literarischen Arbeitskreises von jungen Arbeitern, Lehrlingen und Studenten werden nach ihrem Protest gegen die Biermann-Ausbürgerung verhaftet und inhaftiert. Zehn Monate später werden die meisten von ihnen nach West-Berlin abgeschoben.

26. November.
Robert Havemann, unter Hitler zum Tode verurteilt und zusammen mit Honecker im Zuchthaus Brandenburg-Görden inhaftiert, wird unter Hausarrest gestellt. Havemann hatte u.a. eine Oppositionspartei und eine unabhängige, kritische Presse gefordert. Er wird Tag und Nacht vom Stasi bewacht.

9. Dezember.
Am Übergang Friedrichstraße in Ost-Berlin werden der Ostberliner Krankenpfleger Thomas Evler und die westdeutsche Studentin Heike Waterkotte verhaftet. Sie hatten nachts Flugblätter einer „Berliner Aktivgruppe für die Rückkehr Wolf Biermanns" in Ostberliner Hausbriefkästen geworfen. Wegen „staatsfeindlicher Hetze" werden sie zu je dreieinhalb Jahren Haft verurteilt. 1978 werden sie in den Westen abgeschoben.

12. Dezember.
Thomas Brasch, Sohn eines hohen SED-Funktionärs und Autor kritischer Darstellungen der sozialistischen Arbeitswelt, verläßt die DDR. Sein Buch „Vor den Vätern sterben die Söhne" durfte in der DDR nicht erscheinen.

18. Dezember.
Der Plauener Kellner Günter Dürlich wird vom Stasi verhaftet. Er hatte in einem Brief an Honecker gefordert: „Lassen Sie Biermann zu seiner Familie zurück."

1977

6. Januar.
Der Ostberliner Rechtsanwalt Götz Berger wird wegen Kritik an der Biermann-Ausbürgerung aus der Anwaltskammer ausgeschlossen. Er wird am 21. November 1989 rehabilitiert.

17. Februar.
In einem Interview mit der „Saarbrükker Zeitung" erklärt Honecker, daß ca. 10 000 DDR-Bürger Ausreiseanträge gestellt haben. Generelle Reisefreiheit, so Honecker, könne es ohne Anerkennung der DDR-Staatsbürgerschaft nicht geben.

April.
Der Lyriker Reiner Kunze darf „auf eigenen Antrag" die DDR verlassen. Sein Buch „Die wunderbaren Jahre", in dem Jugendnöte in der DDR skizziert werden, war für die Staatsmacht das letzte, entscheidende Ärgernis.

7. April.
In Ost-Berlin werden der Germanistik-Professor Dr. Hellmuth Nitsche und seine Frau Ursula verhaftet. Sie hatten in einem Brief an US-Präsident Carter auf die Menschenrechtsverlet-

zungen in der DDR hingewiesen. Auch der Dresdner Kraftfahrer Wilfried Meissner, der Carter gebeten hatte, ihn und seine Familie bei den Bemühungen um Ausreise zu unterstützen, wird festgenommen.

25. April.
Die DDR weitet das Netz der Intershops aus, in denen DDR-Bürger gegen Devisen begehrte West-Waren kaufen können. In Karl-Marx-Stadt kommt es beim Bau des dortigen Intershop zu spontanen Streiks: Die Arbeiter weigern sich, das Gebäude fertigzustellen, wenn sie nicht anschließend dort auch in DDR-Mark einkaufen können.

20. Juni.
Der Schauspieler Manfred Krug siedelt in die Bundesrepublik über.

23. August.
SED-Wirtschaftsfunktionär Rudolf Bahro wird wegen Verdachts nachrichtendienstlicher Tätigkeit verhaftet. Sein Buch „Die Alternative" erscheint im gewerkschaftseigenen Bund-Verlag in Köln.

26. August.
Die Lyrikerin Sarah Kirsch, der das „Neue Deutschland" einen Mangel an „glühender Parteinahme und sozialistischem Optimismus" vorgeworfen hatte, und Autor Jürgen Fuchs übersiedeln nach West-Berlin. Fuchs war bereits im November 1976 – nachdem er die Biermann-Petition unterschrieben hatte – aus dem Auto Havemanns heraus verhaftet und vor die Alternative gestellt worden: Verurteilung zu langjähriger Haft oder Ausreise in den Westen.

7. Oktober.
Nach Abschluß eines Jazz-Konzerts hinter dem Alexanderplatz kommt es in Ost-Berlin zu Krawallen zwischen Jugendlichen und Volkspolizei. Die jungen Leute reißen Zementplatten aus dem Pflaster, werfen die Scheiben der umliegenden Geschäfte ein und rufen „Bullen raus aus Ostdeutschland", „Mauer weg" und „Freiheit, Freiheit". In den Außenbezirken werden noch spät in der Nacht Straßenbahnwaggons demoliert.

Anfang Dezember.
Der Erzähler und Filmautor Jurek Becker zieht – unter Beibehaltung der DDR-Staatsbürgerschaft – nach West-Berlin. Seine Bücher durften in der DDR nicht mehr verkauft werden, die DDR-Filmgesellschaft Defa weigerte sich, ein Becker-Drehbuch zu verfilmen. Auch sein neuer Roman „Schlaflose Tage" wurde abgelehnt und erscheint schließlich im Westen.

10. Dezember.
Die DDR-Behörden lassen den Germanisten und Linguisten Hans J. Schädlich samt Familie ausreisen. Sein Prosaband „Versuchte Nähe", ein Protokoll der Wirklichkeit zwischen Elbe und Oder, durfte in der DDR nicht gedruckt werden. Zuvor war Schädlich ermahnt und unter Druck gesetzt worden. Er solle gefälligst so schreiben, wie man es von einem Schriftsteller des Landes erwarten könne.

1978

10. März.
Der Ostberliner Schriftsteller Rolf Schneider darf seinen Roman „November", der sich mit der Biermann-Ausbürgerung und ihren Folgen befaßt, nicht in der DDR veröffentlichen. Der Rostocker Hinstorff-Verlag lehnt nach zweimonatiger Prüfung die Annahme des Manuskripts ab.

30. Juni.
Rudolf Bahro wird wegen „antisozialistischer und subversiver Tätigkeit" zu acht Jahren Zuchthaus verurteilt.
Am gleichen Tag wird der Ostberliner Plakatmaler Ralf Schmidt verhaftet, der zwölfmal vergeblich einen Antrag auf Übersiedlung gestellt hatte. Schmidt hatte sich im Vorjahr geweigert, ein Plakat mit dem Porträt von Honecker im „Haus der Elektroindustrie" am Alexanderplatz anzubringen.

7. Juli.
Der 22jährige Nico Hübner wird wegen Wehrdienstverweigerung zu fünf Jahren Freiheitsentzug verurteilt. Er hatte sich auf den Status des entmilitarisierten Berlins berufen.

1. September.
Gegen den Protest der Kirchen wird an den DDR-Schulen der „Wehrkundeunterricht" eingeführt.

1979

Mai.
Stefan Heym wird wegen „Devisenvergehens" angeklagt, weil er seinen Roman „Collin" im Westen veröffentlicht hat. Heinrich Böll verlangt, daß ein möglicher Prozeß gegen Heym „vor der Weltöffentlichkeit" stattfindet, damit jeder sehen könne, ob es wirklich um Devisen geht oder um Publikationsfreiheit. Heym wird schließlich zu einer Geldstrafe von 9000 Mark verurteilt.

9. Mai.
Der Hausarrest von Prof. Havemann wird aufgehoben.

4.–8. Oktober.
30. Jahrestag der DDR. Die Regierung verkündet eine Amnestie. Aus der Haft entlassen werden u.a. Rudolf Bahro und Nico Hübner, die dann am 11. Oktober in die Bundesrepublik ausreisen dürfen. Insgesamt kommen 21 928 Strafgefangene frei.

15. November.
DDR-Lyriker Kurt Bartsch, im Mai aus dem Schriftsteller-Verband ausgeschlossen, gibt seine Auswanderung nach Ungarn bekannt, da er den „realen Sozialismus" Erich Honeckers nicht mehr erträgt. Sein Lyrik- und Prosa-Band „Kaderakte" war vom Aufbau-Verlag abgelehnt worden.

1980

3. März.
In Karl-Marx-Stadt wird der 35jährige Frank Nötzold, Grenzsoldat und Hundeführer an der Berliner Mauer, zu 22 Monaten Haft verurteilt, weil er Freunden und Bekannten das Überspielen von Biermann-Liedern gestattet haben soll.

12. August.
Das Bezirksgericht Potsdam verurteilt den 21jährigen Andreas Koburg zu vier Jahren Freiheitsentzug. Er hatte dem Internationalen Roten Kreuz in Genf die Erlebnisse während seiner Haft vom August 1978 bis zum Herbst 1979 geschildert.

19. November.
Der Staatssicherheitsdienst vernimmt die Ostberliner Schriftsteller Lutz Rathenow und Frank-Wolf Matthies, die in der DDR nicht publizieren dürfen. Sie hatten ihre Bücher in westdeutschen Verlagen veröffentlicht.

1981

Februar.
Schriftsteller Thomas Erwin, seit mehreren Monaten in Haft, wird von der DDR ins Westberliner Exil geschickt.

März.
Schriftsteller Erich Loest, der wegen unliebsamer politischer Aktivitäten von 1957 bis 1965 in Bautzen einsitzen mußte, siedelt in die Bundesrepublik über.

10. April.
Der 24jährige Matthias Domaschk aus Jena wird auf dem Bahnhof Jüterbog aus dem Zug geholt und in Gera inhaftiert. Er stirbt im Untersuchungsgefängnis. Nach der Stasi-Version soll er sich an seinem Oberhemd erhängt haben.

3. August.
In Ost-Berlin kursiert ein Flugblatt, in dem unter anderem „Gewissens-, Vereins-, Rede- und Versammlungsfreiheit", „Freiheit für alle politischen Ge-

fangenen und allgemeine Amnestie" sowie „freie, geheime und gleiche Wahlen" gefordert werden.

Ende Oktober/Anfang November.
Auf ihren Herbsttagungen warnen die acht Landessynoden der DDR vor „Tendenzen einer Militarisierung des gesellschaftlichen Lebens" und sprechen jungen Leuten Mut zu, „schon jetzt nach weiteren Möglichkeiten des Dienstes im sozialen Bereich" zu suchen. Die Beschlüsse werden in den SED-Zeitungen totgeschwiegen.

11.–13. Dezember.
Bundeskanzler Helmut Schmidt reist zu Gesprächen mit dem Staatsratsvorsitzenden Erich Honecker nach Berlin. Die atmosphärischen Verbesserungen werden von der Verhängung des Kriegsrechts in Polen überschattet.

24. Dezember.
In der Jenaer Friedenskirche versammeln sich am Heiligen Abend 200 Menschen, um schweigend für den Frieden zu demonstrieren. Verhaftungen und Verhöre sind die Folgen.

1982

25. Januar.
Rainer Eppelmann, Jugendpfarrer an der Samariterkirche im Ostberliner Bezirk Friedrichshain, verfaßt den Appell „Frieden schaffen ohne Waffen", in dem er unter anderem Verhandlungen zwischen den Regierungen der beiden deutschen Staaten über die Entfernung aller Atomwaffen aus Deutschland vorschlägt. Auch die DDR müsse abrüsten. 30 Pfarrer, Diakone und Kirchenmitglieder unterschreiben den Appell. Die Behörden reagieren mit Festnahmen, Einschüchterungen und Reiseverboten.

13. Februar.
Mehr als 5000 Jugendliche aus allen Teilen des Landes nehmen in Dresden an einem Friedensforum teil, einer in dieser Art bislang einmaligen Veranstaltung in der DDR. Unter anderem wird der Wunsch nach Einführung eines zivilen Wehrersatzdienstes geäußert. Die Wehrerziehung an den Schulen der DDR wird kritisiert. Gefragt wird auch, warum Friedensdemonstrationen in der DDR verboten seien und die DDR-Friedensbewegung unterdrückt werde, während die Medien der DDR ausführlich und wohlwollend über die Friedensbewegung in den Ländern Westeuropas berichteten.

17. März.
In Jena nehmen an einer Gedenkveranstaltung zum Jahrestag der Bombardierung der Stadt Gruppen der „Jenaer Friedensgemeinschaft" teil. Die Demonstranten entrollen Transparente mit der Aufschrift „Schwerter zu Pflugscharen".

9. April.
Robert Havemann stirbt 72jährig in seinem Haus in Grünheide.

11. April.
In den evangelischen Kirchen der DDR wird ein vom Magdeburger Bischof Günther Krusche verfaßter Hirtenbrief verlesen. In ihm wird u.a. das staatliche Vorgehen gegen die Träger des Friedenssymbols „Schwerter zu Pflugscharen" kritisiert.

Juli.
In Jena wird der Bildhauer Michael Blumhagen verhaftet und wegen Wehrdienstverweigerung zu sechs Monaten Haft verurteilt. Sein Haus wird abgerissen, seine Plastiken werden unter den Trümmern begraben. In der DDR kursieren Postkarten, auf denen die Ruine abgebildet ist. Im Dezember wird Blumhagen nach West-Berlin abgeschoben.

September.
Der Stasi macht Jagd auf kritische Jugendliche in Jena, die in Wohnungen, Kneipen oder Kirchensälen über Demokratie und Sozialismus, Ökologie und Frieden debattieren. Verhaftet werden u.a. der Transportarbeiter Roland Jahn, der mit einer polnischen Flagge und der Parole „Solidarität mit dem polnischen Volk" durch die Stadt geradelt war, und der Fotograf Manfred Hildebrandt, der mit Fotos die militärische Erziehung in der DDR anprangert. Beide werden zu eineinhalbjährigen Haftstrafen verurteilt. Aus Protest verschicken Jenaer Bürger Postkarten mit dem Spruch „Wo das Unrecht alltäglich ist, wird Widerstand zur Pflicht". Die Schwiegermutter des Schriftstellers Jürgen Fuchs, Frau Dorothea Uschkoreit, begeht nach Verhören durch den Jenaer Stasi Selbstmord.

Mitte November.
In mehreren Städten, so in Dresden und Potsdam, kommt es aufgrund der schlechten Versorgung mit Grundnahrungsmitteln zu wilden Streiks. Vor Betrieben in Böhlen und Espenhain bei Leipzig marschiert Volkspolizei auf, erst dann gehen die Streikenden an die Arbeit. Die Volkspolizei registriert reihenweise Einbrüche in Lebensmittelgeschäfte. Das Politbüro beschließt, die Agrar-Exporte in den Westen zu drosseln und mehr Lebensmittel zu importieren.

1983

1. Januar.
In einem Hirtenwort beziehen die katholischen Bischöfe in der DDR Stellung u.a. gegen die Praxis des Wehrkunde-Unterrichts.

1. Juni.
In Ost-Berlin erhängt sich der 28jährige Student und Arbeiter Andreas Gerbracht, nachdem ihm immer wieder die Ausreise in die Bundesrepublik versagt worden war. Die geplante Trauerfeier in der Ostberliner Auferstehungskirche wird von der Staatsanwaltschaft verboten.

29. September.
Die Bundesrepublik bewilligt der DDR einen Kredit über eine Milliarde Mark.

25. Oktober.
Das sowjetische Verteidigungsministerium gibt als Gegenmaßnahme zum Nato-Doppelbeschluß die Stationierung neuer Atomraketen in der DDR und CSSR bekannt.

22. November.
Der Bundestag stimmt der Stationierung neuer Atomraketen zu.

25. November.
Egon Krenz, bisher Kandidat des Politbüros, wird zum stimmberechtigten Mitglied und zum Sekretär des ZK für Sicherheitsfragen gewählt. Damit ist er nach Honecker der Mann mit der größten Machtfülle.

1984

22. Januar.
Sechs DDR-Bürger, die am 20. Januar in der US-Botschaft in Ost-Berlin um politisches Asyl gebeten haben, dürfen nach West-Berlin ausreisen.

25. Juni.
Die Ständige Vertretung der Bundesrepublik Deutschland in Ost-Berlin wird vorübergehend für den Besucherverkehr geschlossen. In das Gebäude haben sich 55 ausreisewillige DDR-Bürger geflüchtet.

21.–25. September.
Die Synode des Bundes der Evangelischen Kirchen in der DDR bekräftigt ihre Kritik an der westlichen „Nachrüstung" und der östlichen „Nach-Nachrüstung".

31. Dezember.
Jahresbilanz: höchste Zahl genehmigter Übersiedlungen in die Bundesrepublik (ca. 40 000) seit Unterzeichnung der KSZE-Akte von Helsinki.

1985

2. Januar.
Der zu sieben Jahren Haft verurteilte Atomphysiker Rolf Schältke tritt in Hungerstreik. Bei einer Wohnungsdurchsuchung waren bei ihm Bücher von Alexander Solschenizyn, Wolfgang Leonhard und Heinrich Böll gefunden worden. Seit seinem Ausschluß aus der Partei arbeitete er als Übersetzer.
15. Januar.
In Prag verlassen die letzten von zeitweise 168 DDR-Bürgern die bundesdeutsche Botschaft in Prag, in die sie Mitte Oktober 1984 geflüchtet sind, um ihre Ausreise zu erzwingen. Unter Zusicherung von Straffreiheit und wohlwollender Prüfung ihrer Ausreiseanträge kehren sie in die DDR zurück.
11. März
Michail Gorbatschow wird Generalsekretär der KPdSU.
2. April.
Der Stasi nimmt in Biesenthal nahe Berlin den Klempnermeister Udo Zeitz fest, der im Vorjahr die Öko-Initiative „progress" gegründet hatte. Als Honecker auf dessen Eingaben gegen die Umweltverpestung nicht reagierte, zeigte Zeitz den Staatsratsvorsitzenden im November 1984 „wegen Verstoßes gegen das Eingabegesetz" an – einen Monat später verlor er seinen Job.

1986

Auch in der DDR haben sich in den letzten Jahren immer mehr Friedens- und Umweltgruppen gebildet, die allerdings im Untergrund arbeiten müssen und vom Stasi verfolgt und schikaniert werden. Viele Kirchengemeinden werden zu Keimzellen der Friedensbewegung. Zu führenden Köpfen werden die Regisseurin Freya Klier, der mit Auftrittsverbot belegte Sänger Stephan Krawczyk und der Pfarrer Rainer Eppelmann. Der evangelische Theologe bietet populäre Blues-Messen an und läßt in seinen Gemeinderäumen unter Berufsverbot stehende Schriftsteller, Sänger und Kabarettisten auftreten. Auch in anderen Städten diskutieren Friedensgruppen über eine offenere, demokratischere Verfassung, Rechtssicherheit, Wehrdienstverweigerung, Abrüstung, Umwelt und Arbeitsrecht. Im Zeichen von Glasnost und Perestrojka hoffen viele, daß sich der Uralt-Slogan der DDR-Führung bewahrheitet: „Von der Sowjet-Union lernen heißt siegen lernen."
4. April.
Der evangelische Bischof Gottfried Forck beklagt vor der in Ost-Berlin tagenden Synode der Berlin-Brandenburgischen Landeskirche die „tiefe Resignation" in Kirche und Gesellschaft der DDR. Als eine von mehreren Ursachen nennt Forck die Reisebeschränkungen.
Anfang September.
Mit einem mehrstündigen Sitzstreik versuchen Beschäftigte in einem Stuhl-Kombinat in Karl-Marx-Stadt, eine teilweise Bezahlung in West-Mark durchzusetzen – nur mit harter Währung sind etwa in den Intershops höherwertige Güter zu erhalten. Die Behörden verzichten auf eine strafrechtliche Verfolgung der Arbeitsniederlegung, da sie sich nicht gegen den sozialistischen Staat gerichtet habe.
15. September.
Mitglieder der Umweltschutzorganisation Greenpeace demonstrieren vor dem DDR-Ministerium für Umweltschutz in Ost-Berlin gegen die Salzeinleitungen der Kalibergwerke.

1987

7. Juni.
Vor dem Reichstagsgebäude in West-Berlin findet das dreitägige Rockspektakel „Concert for Berlin" statt, bei dem u.a. David Bowie, Bruce Hornsby, die „Eurythmics" und Paul Young auftreten. In Ost-Berlin kommt es auf der Straße „Unter den Linden" zu Auseinandersetzungen zwischen rund tausend jugendlichen Zuhörern und Polizei und Staatssicherheit. In Sprechchören wird gefordert: „Die Mauer muß weg!"
4.–6. September.
Olof-Palme-Friedensmarsch, der an drei Tagen über 85 Kilometer von Ravensbrück nach Sachsenhausen führt. Demonstranten zeigen Transparente gegen Wehrerziehung und Feindbilder, für Wehrersatzdienst und mehr Kontakte zwischen Ost und West.
7.–11. September.
Erich Honecker besucht die Bundesrepublik Deutschland.
25. November.
Auf dem 10. Schriftstellerkongreß der DDR geißelt Dramatiker Christoph Hein die Zensur als „überlebt, nutzlos, menschenfeindlich und strafbar".
10. November.
Stephan Krawczyk und Freya Klier verlangen in einem offenen Brief an den SED-Chefideologen Kurt Hager Gesellschaftsreformen nach dem Vorbild Gorbatschows auch für die DDR. Ihren Brief tragen sie in der überfüllten Ostberliner Samariterkirche vor.
8. Dezember.
KPdSU-Generalsekretär Michail Gorbatschow und US-Präsident Ronald Reagan unterzeichnen in Washington den Vertrag zur Beseitigung aller landgestützten Mittelstreckenraketen.
10. Dezember.
DDR-Sicherheitskräfte verhindern eine Demonstration der Ostberliner „Initiative für Frieden und Menschenrechte". Konsistorialpräsident Manfred Stolpe bekräftigt auf einer Veranstaltung in der Ostberliner Gethsemane-Kirche das Eintreten der Kirchen für die Wahrung der Menschenrechte.

1988

Januar.
In Leipzig gründet sich die kirchliche Umweltschutzgruppe „Arche", die die Arbeit der inzwischen 200 Ökogruppen in der DDR koordinieren will. Ab Juli gibt sie das Umweltblatt „Arche Nova" heraus.
17. Januar.
Aus Anlaß des 69. Jahrestages der Ermordung von Rosa Luxemburg und Karl Liebknecht findet in Ost-Berlin die alljährliche „Kampfdemonstration" statt. Die Sicherheitsorgane nehmen rund hundert Mitglieder von Friedens- und Menschenrechtsgruppen fest, die sich dem Marsch mit eigenen Transparenten anschließen wollten. Rosa Luxemburg wird zitiert mit dem Spruch „Freiheit ist immer nur Freiheit des Andersdenkenden". Unter den Verhafteten ist auch Stephan Krawczyk, der ins Stasi-Gefängnis Berlin-Hohenschönhausen gebracht wird.
25. Januar.
Das Ministerium für Staatssicherheit holt zum bislang härtesten Schlag gegen führende Mitglieder der Friedensbewegung aus. Im Morgengrauen werden unter anderem Freya Klier, die Malerin Bärbel Bohley, ihr Lebensgefährte Werner Fischer, der Geisteswissenschaftler Wolfgang Templin sowie der Schlosser Ralf Hirsch verhaftet und ebenfalls nach Hohenschönhausen gebracht.
30. Januar.
In der Ostberliner Gethsemane-Kirche nehmen mehr als 2000 Menschen an einer Solidaritäts- und Fürbitt-Ver-

anstaltung für die Inhaftierten teil. Der Ostberliner Bischof Forck verliest eine Erklärung zugunsten der Oppositionsbewegung. Derartige Fürbitt-Andachten werden seit dem 18. Januar allabendlich in Ost-Berlin und in 30 weiteren Städten der DDR abgehalten.

1. Februar.
Freya Klier und Stephan Krawczyk werden in den Westen freigelassen. Beide erklären, sie hätten unter Zwang einen Ausreiseantrag unterschreiben müssen.
Drei Mitarbeiter der Umweltbibliothek der Ostberliner Zionsgemeinde werden zu jeweils sechs Monaten Freiheitsentzug ohne Bewährung verurteilt.

4. Februar.
In der Gethsemane-Kirche versammeln sich fast 4000 Menschen.

6. Februar.
Die am 17. Januar verhafteten Mitglieder der Initiative „Frieden und Menschenrechte" werden — soweit sie noch in DDR-Gefängnissen einsitzen — in den Westen abgeschoben. Bärbel Bohley und Werner Fischer gehen — mit Garantie auf Rückkehr — für ein halbes Jahr nach Großbritannien.

13. Februar
Auf einer Arbeitstagung aller christlichen Kirchen und Freikirchen der DDR in Dresden wird erstmals offen über mehr politische Mitsprache, Umwelt-Probleme, die Mauer, Reformen und Dialog gesprochen. Nach dem Gottesdienst in der überfüllten Kreuzkirche anläßlich der Zerstörung der Stadt vor 43 Jahren zieht die Menge unter Glockengeläut, mit Kerzen und selbstgebastelten Laternen durch Dresdens Straßen. Eine Demonstration von Ausreisewilligen wird von Polizei und Staatssicherheit aufgelöst.

6. März.
Nach Angaben des Ostberliner Generalsuperintendenten Günther Krusche sind in den letzten zwei Wochen allein in Ost-Berlin 70 bis 80 ausreisewillige DDR-Bürger verhaftet worden. Auch aus Leipzig, Dresden, Halle, Jena und Wismar werden Verhaftungen bekannt.

7. März.
Der Berlin-Brandenburgische Bischof Gottfried Forck zeigt sich in einem Fürbitt-Gottesdienst in der Gethsemane-Kirche vor 1500 Besuchern „bestürzt" über die Verhaftungen der jüngsten Zeit.

3. August.
Bärbel Bohley und Werner Fischer kehren nach sechsmonatigem Aufenthalt in London in die DDR zurück.

12. September.
An der Ostberliner Carl von Ossietzky-Oberschule, die auch ein Krenz-Sohn besucht, unterzeichnen 37 Schüler eine Resolution gegen die Militärparade am 7. Oktober, dem Nationalfeiertag. Am nächsten Tag werden die Jugendlichen ins Büro des Schuldirektors zitiert und in Anwesenheit von Parteisekretären verhört. Vier Abiturienten werden der Schule verwiesen, zwei weitere werden aus der FDJ ausgeschlossen. Margot Honecker, Ministerin für Volksbildung, unterschreibt persönlich die Relegations-Urkunden. Mitte November 1989 werden die Schüler von der neuen Regierung rehabilitiert.

19. November.
Das DDR-Postministerium verbietet den Vertrieb der sowjetischen Zeitschrift „Sputnik", die — in deutscher Sprache — von der Moskauer Agentur Nowosti herausgegeben wird. Radio Moskau drückt in einem Kommentar die Hoffnung aus, daß „dieser bedauerliche Zwischenfall mit der Zeit geregelt werde".

18. Dezember.
Pfarrer Rainer Eppelmann, Mitbegründer der kirchlichen Friedensbewegung der DDR, findet in seinem Arbeitszimmer, in dem er auch Beicht- und Seelsorgegespräche führt, einen kompletten Minisender mit Verstärker und Antenne. Die Leitung der Berlin-Brandenburgischen Kirche protestiert beim Ostberliner Magistrat gegen den illegalen Eingriff in die Intimsphäre und stellt beim Generalstaatsanwalt Strafantrag „gegen Unbekannt".

1989

15. Januar.
Anläßlich des 70. Jahrestages der Ermordung von Rosa Luxemburg und Karl Liebknecht folgen in Leipzig 800 Menschen dem Aufruf einer „Initiative für demokratische Erneuerung unserer Gesellschaft" zur Demonstration auf dem Marktplatz. Nach Angaben kirchlicher Kreise werden mehr als 100 Leute festgenommen.

22. Januar.
Erich Honecker erklärt, daß die Mauer auch in hundert Jahren noch stehen werde.

27. März.
Der „Spiegel" veröffentlicht Auszüge aus dem Buch „Der vormundschaftliche Staat" des SED-Mitglieds und DDR-Anwalts Rolf Henrich, in dem er den Mißbrauch des Strafrechts in der DDR kritisiert und angesichts befestigter Grenzen und Reisebeschränkungen von einer „Wohnhaft" in der DDR spricht. Drei Tage später wird Henrich aus der SED ausgeschlossen und mit Berufsverbot belegt.

2. Mai.
Ungarische Soldaten beginnen mit dem Abbau des Stacheldrahtes an der Grenze nach Österreich.

7. Mai.
Die Kommunalwahlen in der DDR erbringen 98,85 Prozent für die von der SED angeführte Einheitsliste. Kirchen- und Oppositionsgruppen weisen Wahlfälschungen nach. In Leipzig werden mehr als hundert Menschen verhaftet, die gegen die Manipulationen bei der Wahl protestieren.

7. Juni.
Egon Krenz rechtfertigt in Saarbrükken das Massaker von Peking als „nur etwas, was die Ordnung wiederherstellt". Die makabren Bilder aus der chinesischen Hauptstadt bezeichnet er als „Horrordarstellungen der BRD-Medien".

8. Juli.
Beim Kirchentag der Evangelisch-lutherischen Landeskirche Sachsens plädiert der Ostberliner Bischof Gottfried Forck vor 3000 Zuhörern auf dem Leipziger Messegelände für freie Reisemöglichkeiten der DDR-Bürger.

Mitte August.
In den Vertretungen der Bundesrepublik Deutschland in Ost-Berlin, Prag und Budapest sammeln sich Tausende DDR-Bürger, die auf eine Ausreisemöglichkeit in den Westen hoffen.

11. September.
Ungarn öffnet die Grenze. Bis Ende September reisen rund 20 000 DDR-Bürger über Österreich in die Bundesrepublik ein.
Das „Neue Forum" wird gegründet. Zu den mehr als hundert Unterzeichnern des Gründungsaufrufs gehören Bärbel Bohley, Rolf Henrich, Katja Havemann, die Witwe Robert Havemanns, und der Molekularbiologe Jens Reich. Als politische Ziele werden „Gerechtigkeit, Demokratie, Frieden sowie Schutz und Bewahrung der Natur" genannt. In den nächsten Tagen bilden sich weitere Oppositionsgruppen, so der „Demokratische Aufbruch", die Bewegung „Demokratie jetzt" und die „Sozialdemokraten".

18. September.
Nach einem der traditionellen Montagsgebete in der Leipziger Nicolaikirche demonstrieren 1500 Menschen in der Innenstadt. 130 Oppositionelle und zur Ausreise entschlossene Bürger werden festgenommen.

30. September.
Bundesaußenminister Hans-Dietrich Genscher gibt auf dem Balkon der bundesdeutschen Botschaft in Prag die bevorstehende Ausreise von 3500 DDR-Bürgern bekannt, die sich auf das Botschaftsgelände geflüchtet haben.

2. Oktober.
In Leipzig demonstrieren 15 000 Menschen für Reformen, Teilnehmer berichten von Stasi-Übergriffen.

4. Oktober.
In Dresden versammeln sich 5000 Bürger am Bahnhof. Einige versuchen, auf die aus Prag kommenden Flüchtlingszüge aufzuspringen. Es kommt zu Straßenschlachten mit der Polizei.

7. Oktober.
40. Gründungstag der DDR. Ehrengast ist Michail Gorbatschow. Erstmals wird die Fahrtroute des KPdSU-Generalsekretärs nicht bekanntgegeben, die Ankunft des Russen nicht live übertragen. Honecker erklärt auf dem Flughafen den wartenden Journalisten: „Totgesagte leben länger."
Gorbatschow mahnt Reformen an: „Wer zu spät kommt, den bestraft das Leben." Am Abend demonstrieren im Ostberliner Bezirk Prenzlauer Berg, in Dresden, Karl-Marx-Stadt, Plauen, Leipzig und Magdeburg Tausende für Demokratie und Meinungsfreiheit. Staatsschützer prügeln gnadenlos auf Kinder und Jugendliche ein. Allein in Ost-Berlin und Dresden werden fast 3500 Menschen festgenommen, in der Haft geschlagen und mißhandelt. Einige müssen stundenlang in schmerzhaften Stellungen ausharren. Generalstaatsanwalt Günter Wendland gibt am 18. November vor der Volkskammer bekannt, ihm lägen 480 Anzeigen gegen Sicherheitskräfte wegen vorsätzlicher Körperverletzung, Nötigung und Beleidigung vor.

9. Oktober.
Demonstration von 50 000 Menschen in Leipzig. Immer wieder erklingen Rufe „Gorbi, Gorbi", „Neues Forum", „Wir bleiben hier" und „Wir sind das Volk". Erstmals schreitet die Polizei nicht ein.

16. Oktober.
In Leipzig demonstrieren über 150 000.

18. Oktober.
Staats- und Parteichef Erich Honecker wird nach 18jähriger Herrschaft abgesetzt, Egon Krenz sein Nachfolger.

21. Oktober.
Rücktritt von Volksbildungsministerin Margot Honecker. In Dresden Schweigemarsch von 50 000.

23. Oktober.
In Leipzig gehen mehr als 300 000 auf die Straße.

26. Oktober.
In Dresden beteiligen sich Hunderttausende an einem von SED-Bezirkschef Hans Modrow angeregten Dialog in mehr als 400 Sälen und auf der Festwiese der Stadt.
Politbüro-Mitglied Günter Schabowski trifft zwei Vertreter des „Neuen Forums". Es ist der erste Kontakt zwischen Regierung und Opposition.

27. Oktober.
Egon Krenz kündigt eine Amnestie für „Republikflüchtige" an und fordert sie auf, in die DDR zurückzukehren.

30. Oktober.
In Leipzig demonstrieren 500 000, in Schwerin 80 000, in Halle 10 000.
Zum letztenmal wird der „Schwarze Kanal" mit Karl Eduard von Schnitzler, eine Propagandasendung der SED, im DDR-Fernsehen ausgestrahlt.

2. November.
Der Chef des DDR-Gewerkschaftsbundes FDGB, Harry Tisch, tritt zurück.

3. November.
Die DDR erlaubt ihren Bürgern die Ausreise über die CSSR.
Das „Neue Deutschland" widerruft einen Beitrag vom 21. September, in dem ein junger Koch behauptet hatte, er sei unter Drogen gesetzt und so von Ungarn nach Wien entführt worden.

4. November.
Die bislang größte Demonstration in Ost-Berlin: Mit Witz, Phantasie und Kreativität demonstrieren fast eine Million Menschen für demokratische Reformen und gegen das Machtmonopol der SED. Auf der Schlußkundgebung, die vom DDR-Fernsehen live übertragen wird, sprechen u.a. die Schriftsteller Stefan Heym, Christoph Hein und Christa Wolf, SED-Bezirkschef Günter Schabowski, Ex-DDR-Spionagechef Markus Wolf, „Neues Forum"-Mitinitiator Jens Reich, Liberaldemokraten-Chef Manfred Gerlach und die Schauspielerin Steffi Spira. Schauspieler, Schriftsteller und Künstler haben zu der Veranstaltung aufgerufen.

6. November.
Der Entwurf eines neuen Reisegesetzes wird veröffentlicht.
Mehr als 750 000 DDR-Bürger demonstrieren im ganzen Land für Reformen, allein 500 000 in Leipzig.

7. November.
Ein Volkskammer-Ausschuß lehnt das geplante Reisegesetz als unzureichend ab. Die Regierung der DDR unter Ministerpräsident Willi Stoph tritt geschlossen zurück.

8. November.
Das Politbüro der SED tritt zurück. Das neue Politbüro hat nur noch elf statt bisher 21 Mitglieder. Hans Modrow wird zum neuen Regierungschef nominiert.
Seit dem Sommer sind über Ungarn, die CSSR und Polen mehr als 150 000 DDR-Bürger in den Westen ausgereist.

9. November.
Das ZK der SED beruft für den 15. bis 17. Dezember einen außerordentlichen Parteitag ein. SED-Chef Krenz stellt vor dem ZK freie Wahlen in Aussicht.
Gegen 19 Uhr gibt SED-Politbüro-Mitglied Günter Schabowski die sofortige Öffnung der Grenzen zur Bundesrepublik und West-Berlin bekannt.
Auf einer SED-Kundgebung in Ost-Berlin stellt sich Krenz vor 50 000 Parteimitgliedern den Fragen der Basis.
Die immer kritischer werdende „Aktuelle Kamera" des DDR-Fernsehens wird von sofort an über Kabel auch in der Bundesrepublik ausgestrahlt.

10. November.
Ab Mitternacht kommen mehr als 50 000 DDR-Bürger über die Grenzen nach West-Berlin. Im Laufe des Tages wird ganz Berlin „eine Trabbi-Wolke". Auf einer Kundgebung vor dem Berliner Rathaus Schöneberg sprechen u.a. Willy Brandt, Bundesaußenminister Hans-Dietrich Genscher, der Regierende Bürgermeister Walter Momper und Bundeskanzler Helmut Kohl, der eigens eine Polen-Reise unterbrochen hat.
Die DDR kündigt die Öffnung neuer Grenzübergänge an.

11./12. November.
Drei Millionen DDR-Bürger reisen zum Feiern, Schauen und Kaufen in die Bundesrepublik.

13. November.
Die Volkskammer wählt den Dresdner SED-Parteichef und Reformer Hans Modrow zum neuen Ministerpräsidenten der DDR.
Günther Maleuda, der Chef der Bauernpartei, wird zum Volkskammerpräsidenten gewählt.
In Leipzig demonstrieren abermals Hunderttausende.

16. November.
Die Ostberliner Akademie der Wissenschaften rehabilitiert die jahrelang verfemten Wissenschaftler Ernst Bloch († 1977) und Robert Havemann († 1982).
Manfred Gerlach, Vorsitzender der Liberaldemokratischen Partei der DDR, erklärt im ZDF, daß es einen schriftlichen Befehl Honeckers an die Armee gab, die Leipziger Demonstration am 9. Oktober mit aller Gewalt niederzuschlagen. Aus Leipzig wird bekannt, daß die Krankenhäuser an diesem Tag angewiesen wurden, hinreichend Blutkonserven und Betten zur Verfügung zu halten. Rund um die Stadt seien am 9. Oktober Schützenpanzer aufgezogen, die Messehallen seien für die Unterbringung von Verhafteten geräumt worden. Der Kapellmeister des Leipziger Gewandhausorchesters, Professor Kurt Masur, ein Pfarrer, ein Kabarettist und die Leipziger SED-Führung unterzeichneten an diesem Abend einen Aufruf zur Friedfertigkeit und verhinderten damit ein Blutbad.

17. November.
Hans Modrow stellt sein neues Kabinett vor, das nur noch 28 Mitglieder hat. Die SED stellt 16 Minister, die Liberaldemokraten stellen vier, die Ost-CDU drei, die Bauernpartei und die Nationaldemokraten je zwei Minister. Modrow kündigt eine Wirtschaftsreform mit mehr Eigenverantwortung und Effektivität an. Er verspricht die Wahrung der Grund- und Menschenrechte und bittet die Bevölkerung um einen Vertrauensvorschuß.
Erich Honecker, seine Frau Margot, Ex-Ministerpräsident Willi Stoph, Ex-Volkskammerpräsident Horst Sindermann, SED-Chefideologe Kurt Hager und weitere prominente Vertreter der früheren Staats- und Parteiführung verlieren ihr Abgeordneten-Mandat. Ein Volkskammer-Ausschuß soll Amtsmißbrauch, Korruption, persönliche Bereicherung und andere Gesetzesverletzungen von Funktionären untersuchen.

22. November
Die SED-Führung bietet nach polnischem Vorbild den Blockparteien und anderen politischen Kräften der DDR Gespräche am runden Tisch an. Dort sollen Änderungen der Verfassung, das neue Wahlgesetz und die Modalitäten für freie Wahlen besprochen werden.

23. November
Die Zentrale Parteikontroll-Kommission der SED leitet ein Parteiverfahren gegen den entmachteten Staats- und Parteichef Erich Honecker ein. Der frühere SED-Wirtschaftschef Günter Mittag wird aus der Partei ausgeschlossen.

Fotovermerk:

Titel: Tom Stoddart/Focus/Katz Pictures;
Seite 5: Jürgen Schulz;
15: Andreas Schoelzel/Zenit;
18/19: Dirk Eisermann/argus;
20/21: Ralph Succo/action press;
22/23: Ludwig Rauch;
24/25: Gilles Peres/Magnum/Focus;
26/27: Dirk Eisermann/argus;
28/29: Thomas Ebert;
30: Tom Stoddart/Focus/Katz Pictures;
31: Vincent Kohlbecher;
32/33: Ali Paczensky/Zenit;
34/35: Andreas Schoelzel/Zenit;
36/37: Rolf Schulten/Octopus;
38/39: Peter Knopff;
40/41: Bamberger/Odyssey/Focus;
42/43: Tom Stoddart/Focus/Katz Pictures;
44/45: Jürgen Blume;
46: Paul Langrock/Zenit;
47: (3) Reinhard Janke/argus;
48/49: action press;
50/51: Dirk Eisermann/argus;
52/53: Peter Knopff;
54/55: Thomas Raupach/argus;
56/57: Oliver Rüther;
58/59: Christian Schulz;
60/61: Walter Schmidt/Novum;
62/63: Jürgen Müller-Schneck;
64/65: Ali Paczensky/Zenit;
66/67: Rolf Nobel/Visum;
68/69: Andreas Schoelzel/Zenit;
70: Bernd Beuermann/
freigeg. LA Hamburg 769/89;
71: Frank Thiel;
72/73: Thomas Stier;
74/75: Hans Peter Stiebing/Zenit;
76/77: Barbara Herrmann;
78/79: Lothar Koch;
80/81: Manfred Klabuhn;
82/83: Andreas Schoelzel/Zenit;
100/101: Rolf Gillhausen;
102/103: Jürgens Ost + Europa Photo;
104: Dieter Heggemann;
105: ohne Angabe;
106/107: Jürgen Müller-Schneck;
108/109: Harald Schmitt;
110/111: ohne Angabe;
112/113: Harald Schmitt;
114/115: Jürgen Müller-Schneck;
116/117: Jürgen Müller-Schneck;
118/119: Harald Schmitt;
120/121: Harald Schmitt;
122/123: Jürgen Müller-Schneck;
124/125: Jürgens Ost + Europa Photo;
126/127: AP/Votava;
128/129: PPA (unten links);
unten rechts ohne Angabe;
129: ohne Angabe;
130/131: Harald Schmitt;
132/133: Götz Linzenmeier/Visum;
134/135: Götz Linzenmeier/Visum;
AMW, Dominik Obertreis;
136/137: ohne Angabe;
138/139: Sven Simon;
140/141: Zenit;
142/143: dpa;
144/145: Harald Kirschner;
146/147: Josef Liedke;
148/149: Metin Yilmaz/Zenit;
150/151: Heiko Specht;
152: Harald Schmitt, Axel Carp, Poly-press, dpa (2), Jürgen Müller-Schneck, Reinhard Janke/argus;
153: Jürgen Müller-Schneck.